HOPES *and* DREAMS

HOPES *and* DREAMS

BARACK OBAMA

Eine Biographie in Bildern

Steve Dougherty

Hal Buell
(Fotoredaktion)

INHALT

BARACK OBAMA

OBAMAMANIE

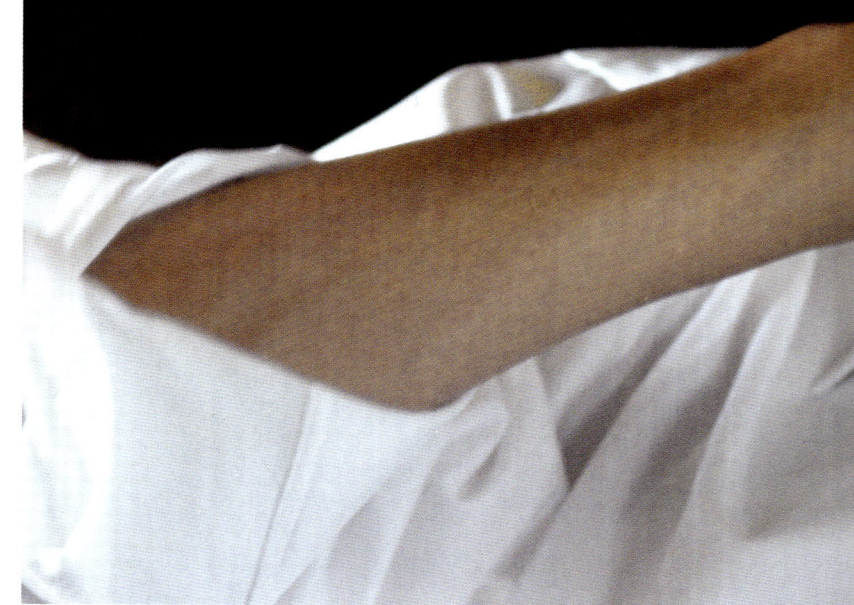

Ehe er offiziell seine Kandidatur für die Demokraten bekannt gab, als erster schwarzer Präsident der USA ins Weiße Haus ziehen zu wollen, gewann Obama seine Parteigenossen für sich mit seinem Aufruf für „eine Politik der Hoffnung" – hier bei der Pressekonferenz nach seinem Sieg der Senatswahlen 2004 (oben rechts); bei der Feier seines Sieges mit Frau Michelle und den Töchtern Malia und Sasha (oben); sowie im Flugzeug unterwegs während seines Wahlkampfs (rechts).

„Ich habe versucht, Bono für dieses Wochenende zu engagieren", verkündete Senator Tom Harkin aus Iowa bei seiner jährlichen *Harkin Steak Fry*-Veranstaltung auf den Warren County Fairgrounds in Indianola, Iowa. „Statt Bono habe ich nun den zweitgrößten Rockstar Amerikas bekommen."

Bei diesen Worten tritt der Star auf die Bühne – ein braunäugiger, gut aussehender Mann. Tosender Beifall ertönt.

Aber die begeisterten Fans drehen nicht nur durch, weil Obama mehr Grammys (zwei) gewonnen hat als Jimi Hendrix und Bob Marley zusammen (Null). Er wird auch wie Elvis verehrt, weil seine Einstellung fantastisch ist – wie die junge Republikanerin Veronica Czastkiewicz meint, die zu seiner Fangemeinde zählt und eine dreistündige Autofahrt auf sich genommen hat, um dieser Vorstellung beizuwohnen. „Er ist der einzige Demokrat, dem ich meine Stimme geben würde."

Seitdem er bei der Vollversammlung der Demokraten im Jahr 2004 die Welt im Sturm eroberte und mit einem erdrutschartigen Wahlsieg Senator wurde, vergleichen ihn seine Fans immer wieder mit den Superstars der Rockwelt. „Unser Plan war es, die Rolling Stones für diese Party anzuheuern", erklärte z. B. der Gouverneur von New Hampshire John Lynch einem vollen Saal von Barack-'n-Rollers bei einer Kundgebung in Manchester, wo der Wahlsieg der Demokraten im November gefeiert wurde.

„Es gibt kein liberales Amerika und kein konservatives Amerika. Es gibt nur die Vereinigten Staaten von Amerika."

BARACK OBAMA

In seiner Rede bei der Vollversammlung der Demokraten 2004, die ihn zum Star machte und in der er John *Kerry* nominierte (hier mit Frau Teresa und John Edwards, oben rechts), benutzte Obama (mit Frau Michelle, rechts) das erste Mal den Ausdruck *Hoffnung wagen*, der später zum Titel seines Bestsellers werden sollte. „Das ist Gottes größtes Geschenk an uns – der Fels, auf dem diese Nation steht; der Glauben an Unvorstellbares; der Glauben an bessere Tage, die noch vor uns liegen."

„Aber wir sagten ihnen ab, als wir merkten, dass Senator Obama mehr Tickets verkaufen würde."

Die ausverkaufte Kundgebung und ein zweiter Auftritt in Portsmouth, New Hampshire, wo er seinen von Oprah Winfrey empfohlenen Bestseller *Hoffnung wagen* signierte, zog über 2500 Zuhörer an und ein Medieninteresse, das eher an den Start einer Stones-Tournee als an den einer Nachwahlveranstaltung erinnerte. Etwa 150 Journalisten, 60 Reporter und 22 Fernsehteams berichteten von seinem Besuch in dem Bundesstaat, in dem im Jahr 2008 die ersten Präsidentenvorwahlen stattfinden sollten.

Obama schreckt nicht davor zurück, auch auf etwas zu setzen, das nur geringe Aussichten zu haben scheint – was sich z. B. 2005 für den Fan der Chicago White Sox auszahlte, als die ewigen Verlierer ihre erste World Series seit 1917 gewannen (links unten); 2004 bei einer Wahlkampfveranstaltung mit John Edwards, seinem zukünftigen Rivalen der Vorwahlen 2008, und dem Senator von Illinois, Dick Durbin (oben links); Obama (oben) in einem Lift im Kapitol, nachdem er 2006 für die Nominierung von Samuel Alito Jr. zum Obersten Gerichtshof gestimmt hatte.

Das Ganze erinnerte an eine seiner früheren Reisen durch das Land, die noch vor den Halbzeitwahlen erfolgt war und auf der Obama sein Buch auf eine Weise präsentierte, die bereits einiges erahnen ließ.

„Manchmal ist eine Lesereise weit mehr als nur das", meinte ein früherer Berater von Vize-Präsident Al Gore, als Obama das gesamte Land durchquerte. Bei der ersten von drei Signierstunden an einem Tag im Oktober rief eine Frau in Chicago, als der Senator um halb neun im Buchladen

eintraf: „Obama for president!" Im kalifornischen San Rafael machte ein findiger Mann mit seinen selbstgemachten „Obama for president"-Stickern ein gutes Geschäft, während vor dem Marin Civic Center 1200 Leute auf Obamas Rede warteten und sich dann in langen Schlangen anstellten, um ihre Ausgabe von *Hoffnung wagen* signiert zu bekommen. Am folgenden Tag ging es nach Seattle weiter, wo sich die bisher größte Menge versammelt hatte (etwa 2500 Leute), um einer Signierstunde im Bellevue Community College beizuwohnen. Einige

aus dem Publikum hielten die damals neueste Ausgabe des *Time* Magazine in die Höhe. Der Titel: „Warum Barack Obama der nächste Präsident werden könnte."

„Senator Obama", erklärte Gores ehemaliger Berater, „scheint diese Lesereise dazu zu nutzen, seine präsidialen Chancen auszuloten."

Genau so war es auch. Nur drei Monate später – am selben Tag, an dem Martin Luther King 78 Jahre alt geworden wäre – reichte Obama seine Bewerbung bei der US-Wahlkommission ein, der erste Schritt auf seinem Weg, erster schwarzer Präsident der amerikanischen Geschichte werden zu wollen.

> „Wir wollen kein Amerika, wo eine mächtige Regierung unser Leben für uns führt; wir wollen ein Amerika, wo jeder Amerikaner die Chance hat, das Beste aus seinem Leben zu machen."
>
> BARACK OBAMA

„Die Entscheidungen, die in den letzten sechs Jahren in Washington gefällt wurden, und die vielen Probleme, die man einfach ignoriert hat, haben unser Land in eine heikle Lage gebracht", erklärte er am 16. Januar 2007 in einer Videobotschaft, um zu begründen, warum er dem Wahlkampf beitrat. Er nahm auf die Ängste der Wähler Bezug, die von beruflichen Unsicherheiten bis zum Dschihad und „dem tragischen und kostspieligen Krieg, der nie hätte geführt werden sollen" reichten. Obama forderte eine neue Politik, die ganz anders sein soll als die der jetzigen Regierung. In Washington ginge es „mit den ganzen parteipolitischen Grabenkämpfen und dem Schachern um Geld und Einfluss so verbittert" zu, „dass die wahren Probleme, für die wir

Obama ist als wirkungsvoller und innovativer Gesetzgeber bekannt, was er während seiner siebenjährigen Amtszeit im Senat von Illinois unter Beweis stellen konnte. Hier spricht er 2005 bei einer Konferenz von Bauunternehmern in Washington (links) und vor dem Chicago Council für Auswärtige Angelegenheiten im November 2006.

Im November 2005 sprach Obama vor dem Chicago Council für Auswärtige Angelegenheiten und forderte eine Verringerung der amerikanischen Truppen im Irak. Er kritisierte die Regierung Bush, weil sie den Patriotismus derjenigen in Frage stelle, die sich gegen den Krieg aussprachen.

wirklich Lösungen bräuchten, gar nicht erst angegangen werden.“

Zwei Monate, ehe Obama seine Bewerbung bei der US-Wahlkommission einreichte, warteten seinen Fans in New Hampshire bereits darauf, dass er in den Wahlkampf einsteigen würde. Elegant und

lässig in einem weißen offenen Hemd und einem schwarzen Jackett wurde er von Blitzlichtgewitter und nicht enden wollenden Beifallsstürmen empfangen. In seinem sonoren Bariton forderte er Krankenversicherungen für alle, unabhängige Energieversorgung, eine wirkungsvolle Strategie gegen

die globale Erwärmung und ein Ende des groben öffentlichen Diskurses. „Wir werden mittlerweile rund um die Uhr von einer Politik der Brandrodung, der negativen Angriffe, des Gerangels und der völligen Borniertheit bestimmt, die uns kein bisschen weiterbringt", erklärte er in Portsmouth und kritisierte sowohl die Republikaner als auch die Demokraten, die beide nur noch damit beschäftigt seien, sich über einen immer breiter werdenden Graben hinweg anzubellen. ‚Mal gewinnt die eine Seite, mal die andere. Aber niemand kommt auf die Idee, dass man sich zusammenraufen könnte, um

---

„Es ist einfach nicht meine Art, andere nur deshalb anzugreifen oder eine umstrittene Meinung zu vertreten, um kontrovers zu wirken. Das ist beleidigend und kontraproduktiv. Dadurch geht man nur in die Defensive und verschließt sich Veränderungen."

BARACK OBAMA

---

die bestehenden Probleme auf eine ganz praktische, nicht-ideologische Weise zu lösen."

Zentrale Botschaft seines Wahlkampfs sowie seines Buches *Hoffnung wagen* ist sein Ziel, den großen kulturellen und parteipolitischen Graben in Amerika zu überwinden. In schwierigen Zeiten, wenn Verzweiflung und Wut die einzigen Alternativen zu sein scheinen, setzt er ganz im Sinne der Hauptaussage seines Buches auf Hoffnung. „Was wirklich schwer ist und voller Risiken steckt, was geradezu tollkühn erscheint – das ist zu hoffen."

Obamas frühe und eloquente Reden gegen den Irak-Krieg im Jahr 2002 (in denen er erklärte, dass

Empört vor der Reaktion der Regierung Bush auf den Wirbelsturm Katrina, erklärte Obama (rechts bei dem Projekt „Häuser für die Menschlichkeit" im Juli 2008 in New Orleans), dass die Regierung „derart weit von der Realität der Stadt New Orleans entfernt" sei, „dass sie sich einbildet, die Leute könnten einfach in ihren Geländewagen springen und ins nächste Hotel fahren, wo sie ihre Kreditkarten zücken". Das untere Bild zeigt Obama bei einer Wahlveranstaltung im Oktober 2006 für den Gouverneurskandidaten von Ohio, Ted Strickland.

die bevorstehende Invasion ein nicht durchdachtes Vorhaben sei, das eine US-Besatzung „von unklarer Länge, unklaren Kosten und unklaren Folgen nach sich ziehen wird") machten die ganze Nation auf den damals noch unbekannten Abgeordneten aus Illinois aufmerksam. Sie ebneten seinen Weg zum Senator. In Portsmouth wiederholte er seine Forderung nach einer Umstrukturierung der Truppen im Irak. „Wir können unsere wertvollsten Ressourcen,

„Was wirklich schwer ist und voller Risiken steckt, was geradezu tollkühn erscheint – das ist zu hoffen."

BARACK OBAMA

unsere jungen Männer und Frauen, nicht einfach verschwenden", verkündete er seinem Publikum. Diese Worte veranlassten einen Zuhörer – einen Republikaner, dessen Sohn kürzlich von seinem zweiten Einsatz im Irak zurückgekehrt war – einem Reporter zu erklären: „Wenn Obama sich nominieren lässt, dann bin ich dabei."

„Er besitzt die Aufrichtigkeit, nach der wir gesucht haben", meinte eine andere Zuhörerin, die Obama nicht mit einem Rockstar verglich, sondern mit einem der am meisten bewunderten Politiker einer früheren Generation. „Niemand hat es bisher

geschafft, mich so aufzuwühlen, seit sich John F. Kennedy zur Wahl stellte. Damals war ich zehn."

„So etwas habe ich noch nie erlebt", stimmte ein ehemaliger Abgeordneter von New Hampshire zu, der beobachten konnte, wie Obama gewöhnlich zurückhaltende Anhänger der Demokraten zu Begeisterungsstürmen veranlasste. Er fühlte sich an einen zweiten Kennedy erinnert. „Viele Leute vergleichen das, was hier passiert, mit jenen Tagen, als sich Bobby Kennedy zur Wahl stellte. So etwas haben wir seitdem nicht mehr gesehen."

Mit JFK oder Bobby verglichen zu werden, kann jedem Politiker zu Kopf steigen, vor allem einem Senator, der gerade seine erste Amtszeit bestreitet und sein Auge auf das Weiße Haus geworfen hat. Obamas Jugendlichkeit, Energie und Idealismus,

aber auch seine athletische Figur und sein gutes Aussehen rufen nicht nur Erinnerungen an die beiden Brüder ins Gedächtnis, sondern verleiten auch zu Vergleichen.

Auch John F. Kennedy, der erste Präsident, der im 20. Jahrhundert geboren wurde, wirkte – ähnlich wie Obama – jung, charismatisch und sexy. Obama wiederholte in Manchester auch Kennedys

„Ich bin nicht daran interessiert, nur eine Nicht-Hillary zu sein", meinte Obama. Seine frühe Opposition gegen das „Fiasko im Irak", wie er es nannte, fand unter den Demokraten viel Zuspruch, die von Clintons langer Unterstützung des Krieges befremdet waren. Trotzdem meinte er über sie (hier gemeinsam im Juli 2006): „Ich glaube, dass sie eine fähige Präsidentin wäre."

berühmte Forderung nach einer *New Frontier,* einem neuen Selbstverständnis: „Amerika ist bereit, sich neuen Herausforderungen zu stellen. Das ist unsere Zeit. Eine neue Generation ist bereit, dieses Land zu führen."

Aber am meisten wird Obama mit dem jüngeren der beiden Kennedys verglichen – mit Bobby. Auch er war geistreich, wortgewandt, kühn und politisch fortschrittlich. Als er sich 1968 zur Wahl stellte, war er in seinen Vierzigern und ebenfalls Senator eines großen nördlichen Bundesstaats mit viel Industrie. Obama bekam sogar Bobbys Schreibtisch zugewiesen, als er in den Senat gewählt wurde. Kennedy schwor seinen Eid vor dem Senat am 4. Januar 1965 – auf den Tag genau 40 Jahre vor seinem politischen Erben. Bobby kandierte zu einer Zeit für das Präsidentenamt, als die Wähler unter einem schlecht durchdachten Krieg mit immer mehr Toten litten. Die Nation sehnte sich nach einer Rückkehr zu Stabilität und echten Werten. Für einen sehr kurzen Moment blühte wieder Optimismus auf, ehe erneut verbitterte Graben- und Kulturkämpfe ausbrachen, wie sie noch heute in Amerika wüten.

Allerdings sollte man nicht vergessen, dass schon so manchem auf dem Weg zu politischem Ruhm eine Ähnlichkeit mit den Kennedys nachgesagt wurde (zum Beispiel Dan Quayle oder Jack Kemp, aber auch John Edwards) – ähnlich wie jenen Rockgruppen, deren Aufstieg in den Rock-Himmel im selben Augenblick aufhört, als sie als die nächsten Beatles vermarktet werden. Obama weiß um dieses Risiko und tut gut daran, sich nicht zum Kennedy-Nachfolger zu stilisieren. Trotzdem bezeichnete er Bobby Kennedy als eines seiner politischen Vorbilder – neben anderen amerikanischen Helden wie JFK, Abraham Lincoln und Martin Luther King.

Es liegt eine traurige Ironie darin, dass jeweils der 40. Jahrestag von Martin Luther Kings und Bobby Kennedys Ermordung in die heißeste Wahlkampfphase des Jahres 2008 fiel. Angeblich soll Obamas Frau Michelle deshalb auch anfangs versucht haben, ihn davon abzuhalten, sich als Präsidentschaftskandidat nominieren zu lassen. Ihre Befürchtungen wurden noch bestätigt, als man Obama früher als

---

„Wo er auch auftaucht, fordert man, dass er sich zur Wahl stellt – besonders in Iowa, der Wiege vieler früherer Präsidenten und Präsidentenanwärter. Hier werden sogar schon Babys nach ihm benannt."

TERRY MORAN, ABC'S *NIGHTLINE,* IN SEINEM PORTRÄT VON OBAMA

---

jedem anderen Kandidaten Personenschutz durch den Geheimdienst zur Seite stellte.

„Ich war gerade sieben, als Bobby Kennedy starb", sagte er 2005 in einer Rede bei der Verleihung des Robert-F.-Kennedy-Preises für Menschenrechte in Washington. Kennedy hätte an diesem Tag seinen 80. Geburtstag gefeiert. „Ich kannte ihn als eine Ikone unseres Landes."

Man könnte meinen, Obama lese Passagen aus seinem eigenen Buch vor, wenn er sich in seinen Reden auf Bobby Kennedy beruft. „In einer vom Krieg zerrissenen und innerlich zutiefst geteilten Nation", sagte er zur Ehrung Robert F. Kennedys, „war er in der Lage, uns in die Augen zu blicken und zu erklären, dass egal ... wie hartnäckig Armut

---

„Er verkörpert Veränderung und Hoffnung", meinte ein ehemaliger politischer Direktor der Clinton-Administration über Obama – hier im April 2006 während eines Telefonats vor dem Plenarsaal des Senats. „Es gibt Augenblicke in der Geschichte unseres Landes – 1960 war so einer –, wenn die Menschen mehr wollen und bereit sind, auf die Größe [eines Kandidaten] zu setzen."

oder Rassismus unter uns weilten, egal, wie weit Amerika von seinem Pfad abgekommen sei, die Hoffnung wieder aufblühen würde."

Wie Kennedy wurde auch Obama bereits vielfach gefeiert und galt für seine Partei als Lichtgestalt, ehe er auch nur einen Fuß in den Plenarsaal des amerikanischen Senats gesetzt hatte. Er ließ sich als dritter schwarzer Senator seit dem Wiederaufbau der USA nach dem Bürgerkrieg und als derzeit einziger Afroamerikaner am Tisch seines Vorgängers nieder.

Sein Wahlsieg im November 2004 löste beinahe hysterische Reaktionen aus, die man heutzutage Obamamanie nennt. Auf der Welle dieser

„Er ist ein Star. Die Leute reißen sich um ihn. Stärker als um jeden anderen, den wir haben."

CHARLES SCHUMER

Obama „ist der mitreißendste Mann, der im letzten Jahrzehnt an der Spitze unserer Partei stand", beteuert Ben Affleck. Tom Cruise und Katie Holmes (mit Michelle Obama, links), George Clooney (oben) und ein weiterer Rockstar, Bono (rechts), zählen zu den VIP-Fans. 2005 nahmen die Obamas an der Verleihung der NAACP Image Awards teil (oben rechts).

„Ich vermisse sie schrecklich, und ich vermisse Michelle", verriet Obama (samt Familie im März 2004) von seinem Leben während des Wahlkampfs. „Allerdings habe ich großes Glück, weil Michelle eine gute Hand für die Kinder hat und echtes Organisationstalent besitzt, so dass sie sich perfekt um unser Heim kümmert."

„Er wäre mein Favorit … Ich hoffe, dass er sich als Präsidentschaftskandidat zur Wahl stellt."

OPRAH WINFREY

Begeisterung wollten ihn seine Anhänger bis ins Weiße Haus tragen. Als Obama und seine Frau kurz nach der Wahl ein Kino in der Nähe ihres Hauses in Hyde Park im südlichen Chicago aufsuchten, um sich *Ray* anzusehen, applaudierte das Publikum und rief ihnen ermutigende Worte zu. Sowohl Reporter als auch Passanten drängten sich auf den Straßen von Chicago und Washington um ihn, wo Fans aller Altersstufen und ethnischen Schattierungen seinen Namen skandierten, ihm auf den Rücken klopften und um sein Autogramm baten oder sich mit ihm fotografieren lassen wollten. Obama wird auf eine Weise verehrt, wie das gewöhnlich nur Sportlern, Schauspielern oder Rockstars vorbehalten ist.

Begeisterte Berichte veranlassten einen Journalisten des *Chicago Reader* zu der ironischen Äußerung: „Kein Politiker aus Chicago hat jemals solche Komplimente einstecken müssen, seitdem ein Stadtrat Richard J. Daley mit Jesus verglich."

Auftritte in unzähligen Talk-Shows und sein Gesicht auf Titelseiten von Magazinen trugen sein Bild ins ganze Land. Sein fester Platz im Pop-Himmel galt endgültig als unumstößlich, als Grace in einer Episode der Sitcom *Will & Grace* verkündete, sie hätte in ihrem Traum mit einem Mann geduscht, der ihre Welt „barack-isiert" hätte!

„Ich stehe derart im Rampenlicht, dass Paris Hilton gegen mich wie eine Einsiedlerin wirkt", scherzte der designierte Senator im Dezember 2004 bei einem Dinner im Gridiron Club, einen Monat, bevor er sein Amt antrat. „Es sieht ganz so aus, als ob es jetzt nur noch bergab gehen kann. Heute Abend sollte ich also lieber mein Ausscheiden aus dem US-Senat erwägen."

Viele Demokraten erinnerten sich an seine mitreißende Kongressrede vom Sommer zuvor und an seinen erdrutschartigen Wahlsieg, als sie überlegten, ihn als Präsidentschaftskandidat für das Jahr 2008 zu nominieren (er hatte mehr als 70 Prozent der Stimmen in einem Staat mit nur 15 Prozent schwarzen Wählern auf sich verbuchen können). Falls er nicht Präsident werden würde, dann doch zumindest Vize-Präsident. Obwohl die Zeitschrift *Newsweek* solche Träumereien als „beinahe grotesk verfrüht für einen gerade erst gewählten Senator" empfand, wies sie auch darauf hin, dass der damals 43-jährige Obama „im gleichen Alter wie JFK ist, als er zum Präsidenten gewählt wurde."

Nur wenige Jahre zuvor schien die Vorstellung nicht nur grotesk, Obama würde derjenige sein, „von dem immer mehr Leute meinen, er könnte Amerikas erster schwarzer Präsident werden" – so stellte ihn Larry King vergangenen Oktober in seiner Show vor –, sondern sogar illusorisch, insbesondere für Obama selbst. King schloss schon 2007 mit den verheißungsvollen Worten: „Oprah Winfrey will, dass er sich der Wahl stellt!"

In seinem Buch *Hoffnung wagen* erinnert sich Obama an seinen ersten Kongress der Demokraten in Los Angeles im Jahr 2000. Er war damals am Tiefpunkt seiner Karriere angelangt. Drei Jahre,

---

„Mach schon, Barack, mach! Barack Obama sollte sich für das Amt des Präsidenten bewerben – vor allem für das Wohl seiner Partei. Es täte den Demokraten nicht gut, wenn sie sich durch die langen Vorwahlen schleppen und den aufregendsten Kandidaten, den sie haben, im Hintergrund wie einen unerreichbaren Traum sehen müssten."

DAVID BROOKS, *NEW YORK TIMES*

---

nachdem er in den Senat von Illinois gewählt worden war, traf er eine Entscheidung, die er im Nachhinein als übereilt und nicht durchdacht einstufte: Er stellte sich 1999 zur Wahl für den Kongress. Kritiker bewerteten es als Desaster.

Obamas Gegner war Bobby Rush, ein ehemaliges Mitglied der *Black Panther Partei* und ein Kongressabgeordneter in seiner vierten Amtszeit, der in seinem überwiegend von schwarzen Wählern bevölkerten Wahlbezirk in der South Side von Chicago sehr populär war. Obama musste sich zahlreiche Anschuldigungen wegen seiner Hellhäutigkeit, seinem Jura-Abschluss und seiner gemischten Herkunft anhören. Er sei kein Nachkomme von Sklaven, sondern als Sohn eines kenianischen Regierungsbeamten und einer weißen protestantischen Amerikanerin nicht „schwarz genug" und viel zu elitär, um sich mit dem Leben und den Bedürfnissen seiner

Wähler identifizieren zu können. Schon während der Vorwahlen schlug ihn Rush vernichtend mit einer klaren Zweidrittel-Mehrheit. Obama zog sich in sein Büro in einer kleinen Bürgerrechtskanzlei in Chicago zurück. Während des Wahlkampfs, berichtet er in *Hoffnung wagen*, hatte er „die Kanzlei nicht ein einziges Mal betreten (eine Vernachlässigung, die [ihn] mehr oder weniger an den Rande des Konkurs brachte).“

Wie nahe er tatsächlich vor dem Abgrund stand, schildert er ebenfalls in seinem Buch. Nach seiner Niederlage ermutigten ihn Freunde dazu, zum Kongress der Demokraten in L. A. zu fahren. „Obwohl sie es nicht ausdrücklich sagten“, schreibt er, „hielten sie den Kongress wohl für eine gute Therapie – ganz nach dem Motto: Wenn du vom Pferd fällst, steig am Besten gleich wieder auf.“ Als er in L. A. landete, wurde seine American-Express-Karte bei einer Autoleihfirma nicht angenommen. „Nach einer halben Stunde am Telefon hatte ein freundlicher Manager schließlich Mitleid mit mir und gab mir einen Wagen“, fährt er fort. „Dieser Vorfall war erst der Anfang.“ Ohne Abgeordnetenpapiere und ohne eine andere Möglichkeit, Zugang zu bekommen, musste er den Kongress vor dem

verdeutlicht, dass das Leben nicht immer so läuft, wie du dir das vorstellst“.

Diese Erfahrung ermöglichte es ihm auch, vier Jahre später zu erkennen, wie töricht es wäre, an die „übertriebene“ Begeisterung zu glauben – wie er es nannte –, die seiner mitreißenden Rede nach dem Wahlsieg 2004 auf der Vollversammlung der Demokraten folgte. „Es war mein erster Tag im Senat“, schreibt Obama über eine Pressekonferenz im Jahr 2005, einen Tag vor seiner Vereidigung als Senator. „Ich hatte noch keiner einzigen Abstimmung beigewohnt, keinen einzigen Gesetzesentwurf vorgestellt, ja noch nicht einmal an meinem Tisch gesessen, als ein Journalist die Hand hob und sehr ernsthaft fragte: ‚Senator, welchen Platz möchten Sie einmal in der Geschichte einnehmen?‘

„Selbst ein paar meiner Kollegen konnten sich ein Schmunzeln nicht verkneifen.“

Aber so manchem verging das Lachen, als sich Obama zwei Jahre später dem Drängen seiner Anhänger nicht länger entzog und bereit erklärte, sich als Kandidat um das Präsidentenamt zu bewerben und seinen Platz in der Geschichte einzunehmen. Es gab etliche, die ihn für zu jung, zu unerfahren und – ja, auch für zu schwarz hielten, um die Wahl 2008 für sich zu entscheiden.

Befürworter seiner Kandidatur, wie der Präsident des Senats von Illinois, Emil Jones Jr., konterten, dass Obamas Anziehungskraft farbenunabhängig sei. Er schilderte eine Begegnung mit einer 86-jährigen weißen Frau, die ihn während des Senatswahlkampfs 2004 ansprach und meinte: „Ich hoffe, dass ich lange genug lebe, damit dieser junge Mann mit meiner Stimme Präsident wird!“ Laura Washington, Kolumnenschreiberin der *Chicago Sun-Times*, zitierte ihren Onkel Leland „Sugar“ Cain, der auch ein erklärter Fan Obamas sei, aber bezweifelte, dass ihn die weißen Stimmen ins Weiße Haus bringen würden. „Wenn es an der Zeit ist, in die Wahlkabine zu treten“, meinte Cain zu seiner Nichte, „werden sie ihr Kreuz nicht hinter seinen Namen setzen.“

Der Reporter John Heilemann vom *New-York*-Magazin stimmte dem zu, meinte aber, dass

„Dick Cheney und Donald Rumsfeld haben beide sehr viel Erfahrung.“

OBAMA, WENN ER AUF SEINE QUALIFIKATION FÜR EIN HÖHERES AMT ANGESPROCHEN WIRD

Fernseher im Staples Center mitverfolgen. Als er wieder abreiste, hatte er weder die Nominierung Al Gores zum neuen Star der Demokraten live erlebt noch hege er viel Hoffnung, seine politische Karriere fortsetzen zu können.

Die Erinnerung an die niederschmetternde Wahlniederlage und die Fahrt nach L. A. zeigten ihm, „wie vergänglich Ruhm ist“. Es war „wie eine Tracht Prügel, die dir die Augen öffnet und

die Rasse nicht die Hauptsache sei. „Obama-Fans müssen high sein", höhnte er. „Obwohl er so viel verspricht, ist er doch nur eine leere Hülle mit eindeutigen Schwachstellen, von denen nur sein wahnwitzig steiler Aufstieg ablenkt."

Wie ein Kritiker, der mit einem gewissen Genuss den erfolgreichsten Song eines berühmtesten Rockstars zunichte macht, höhnte Heilemann über die oft bemühten Vergleiche Obamas mit Bobby Kennedy. Er behauptete, die Unterschiede zwischen ihnen seien „zahlreich, angefangen mit der Länge und Bandbreite ihrer Lebensläufe … Obama … wirkt im Vergleich blass und unscheinbar."

„Die Begeisterung, die er hervorruft, rührt nicht von den Themen her, die er anspricht, sondern von seinem Stil", fuhr Heilemann fort und fragte sich, „ob er seine Popularität beibehalten würde, wenn die Wähler mehr über ihn erfahren … wie zum Beispiel die Tatsache, dass er raucht."

Obama gehört der Trinity United Church of Christ in Chicago an und hat im Auto stets eine Bibel dabei (hier 2004 während eines Gebets). Er war nie ein Muslim, wie einige rechte Talkradio-Moderatoren behaupteten. Ein paar Äußerungen seines Gemeindepfarrers sollten in der heißen Phase des Vorwahlkampfes eine Krise auslösen.

Heilemann meinte Zigaretten (Obama, der versuchte aufzuhören, rauchte nur noch drei am Tag). Als ihn jedoch Jay Leno im Dezember 2006 fragte, ob er rauchte, bezog er sich nicht auf Zigaretten, sondern auf Marihuana.

Obama hatte bereits zugegeben, dass er Marihuana probiert hatte und zwar in *Ein amerikanischer Traum* – seinen ausgesprochen ehrlichen und selbstkritischen Memoiren, die er lange Zeit, ehe er auch nur an eine politische Karriere dachte, geschrieben hatte. Kaum beachtet, als sie 1995 erschienen, standen sie ein ganzes Jahr lang auf der

Obwohl er als Mitglied der Minderheitspartei viele Gesetze der Republikaner sowohl im Senat von Illinois als auch im U.S.-Senat mittrug, prangerte Obama Roves polarisierende Taktiken immer wieder an (hier 2006 in seinem Büro auf Capitol Hill – oben, und rechts mit Karl Rove). Links bei einem Gespräch mit Praktikanten der Stadtverwaltung von Washington im Sommer 2006.

„In der New Economy reicht es nicht, unseren Kindern gerade genug beizubringen, damit sie einfache Schlagzeilen lesen können."

BARACK OBAMA

Bestsellerliste der *New York Times,* nachdem sie aufgrund seines Erfolgs im Jahr 2004 neu aufgelegt wurden. Zudem brachten sie Obama einen Grammy für das beste Hörbuch 2006 ein (seinen zweiten Grammy gewann er 2008 mit der Hörbuchversion von *Hoffnung wagen*). In seinem Vorwort zur zweiten Auflage erklärte er, dass er seine „Geschichte heute nicht anders als vor zehn Jahren erzählen würde, obwohl sich einige Passagen als politische Stolpersteine erwiesen haben."

Als Antwort auf Lenos Frage erwiderte Obama: „Schon lange nicht mehr – das war noch auf der High-School."

„Haben Sie inhaliert?", hakte Leno nach und spielte damit auf Clintons berühmtes Ausweichmanöver an.

„Mir ist Publicity sehr suspekt."

BARACK OBAMA

„Darum geht es doch", erwiderte Obama.

Laut eines Artikels der *Washington Post* vom 3. Januar 2007 meinten Kritiker und Politikexperten, dass Obamas entwaffnende Ehrlichkeit dem Ganzen ein rasches Ende bereitet hatte. „Amerikaner vergeben gerne", erklärte ein republikanischer Berater. „Und wer würde den ersten Stein werfen wollen?", fragte sein demokratischer Kollege.

Die Passagen über seine Drogenerfahrungen strich Obama nicht aus seinem Buch, sondern gab sogar zu, auch Kokain probiert zu haben. Vielleicht wollte er damit jungen Leuten zeigen, „die sich in einer viel schwierigeren Situation befinden als ich [damals]" – wie er während seines Wahlkampfs um den Senatorenposten einmal erklärte –, „dass man trotz gemachter Fehler nicht für immer auf die falsche Bahn kommen muss.

„Momentan", sagte er, „ist mein Leben wie ein offenes Buch – im wörtlichen und im übertragenen Sinne. Die Wähler können selbst entscheiden, ob meine Dummheiten als Teenager für die Arbeit, die ich seitdem gemacht habe, von Bedeutung sind oder nicht."

Eine weitere Frage, die Obama immer wieder gestellt wird, ist die nach seinem Namen und die Wirkung, die dieser möglicherweise auf die Wähler haben könnte. In *Hoffnung wagen* erinnert er sich an ein Gespräch mit einem Medienexperten über seine politische Zukunft. „Wie es der Zufall wollte, fand das Treffen Ende September 2001 statt.

„Ihnen ist sicher klar, dass sich die politische Lage verändert hat'", meinte der Experte. „Wir blickten beide auf die Zeitung, die neben ihm lag", schreibt Obama. „Von der Titelseite starrte uns Osama bin Laden entgegen.

„Ein verdammt komischer Zufall, nicht wahr? … Natürlich können Sie nicht einfach Ihren Namen ändern, da würden die Wähler misstrauisch werden. Wenn Sie am Anfang Ihrer Karriere stünden, könnten Sie vielleicht einen Spitznamen oder so verwenden, aber jetzt …'"

Der Wiederkennungswert eines Namens gehört für einen Politiker zu seiner wichtigsten Währung. Für Obama schien er sich in einen Fluch zu verwandeln. Eine Zeit lang war er verzweifelt, da er befürchtete, dass sein Name wirklich das Ende seiner Karriere bedeuten könnte. „Ich fühlte mich wie ein Schauspieler oder ein Sportler", fährt er in seinem Buch fort, „der feststellen muss, nachdem er jahrelang bemüht war, seinen Traum zu leben und dafür zwischen den Proben kellnerte oder in unbedeutenden Sportclubs sein Glück versuchte, dass sein Talent oder sein Glück letztlich nicht ausreichen."

Nachdem er ernsthaft in Erwägung gezogen hatte, die Politik für eine „ruhigere, solidere und besser bezahlte Karriere" endgültig an den Nagel zu hängen, kam er an den Punkt, an dem er akzeptierte, wie er war – „meine Grenzen und in gewisser Weise meine Sterblichkeit … Ich glaube, es war dieses Annehmen, das mich auf die irrwitzige Idee brachte, mich den Wahlen für den U.S.-Senat zu stellen."

Für seine Anhänger ist es ein Zeichen seiner Charakterstärke, dass er seinen Namen Barack Hussein Obama – der in dreifacher Hinsicht ziemlich explosiv ist, wenn man auch noch an Saddam und Borat denkt – nur als eine weitere Hürde sah auf dem Weg, seinen „ganz eigenen Traum" wahr werden zu lassen. Obwohl er selbst seinen zweiten Vornamen so gut wie nie gebraucht, wies er sein Team an, nichts unter den Teppich zu kehren. Als im vergangenen Jahr ein Reporter sein Büro

Obama (in seinem Büro im Senat – oben) verlässt sich auf seine
Mitarbeiter, wenn es sich um Termine oder organisatorische Fragen
im Wahlkampf handelt, aber er ist selbst sein wichtigster Berater.
„Wenn es darum geht, was für das Land richtig ist", meint er, „habe
ich einen guten Instinkt. Ich vertraue ihm.' Rechts bereitet sich
Obama auf einen Auftritt in der Fernsehshow seiner guten Freundin
Oprah Winfrey im Jahr 2006 vor.

in Washington anrief und sich höflich nach der korrekten Schreibweise seines mittleren Namens erkundigte, lautete die Antwort des Mitarbeiters: „Wie der des Diktators."

So geschickt er es geschafft hat, die irritierenden Assoziationen um seinen Namen zu entschärfen – er erklärte seinen Zuhörern, dass Barack auf Suaheli „gesegnet" bedeutet und erntete immer wieder Lacher, wenn er erzählte, dass manche statt Obama „Alabama" oder „Yo, Mama" verstehen –, so kann er der Tatsache doch nie ganz entkommen. Jan Schakowsky, eine Teilnehmerin der Kongress-Delegation aus Illinois, berichtete, wie Präsident Bush 2004 während eines Besuchs im Weißen Haus ihren Obama-Button bemerkte und „zurückschreckte. Ich wusste, was in ihm vorging. Also versicherte ich ihm, dass es Obama mit einem ‚b' sei."

Schakowsky erklärte dem Präsidenten, dass sich der aus Chicago stammende Obama für den U. S.-Senat zur Wahl stellen wolle.

„He's ready. Why wait? Obama '08."

AUTOAUFKLEBER, DER ÜBERALL IN WASHINGTON ZU SEHEN IST

„Ich habe noch nie von ihm gehört", erwiderte Bush.

„Das werden Sie noch, Mr. President", gab sie zur Antwort.

„[S]eien wir doch einmal ehrlich", begann Obama seine Rede, mit der er 2004 die Vollversammlung der Demokraten zu Begeisterungsstürmen veranlasste und die auch auf Papier seine Fans noch zu Tränen rührt. „Es ist erstaunlich, dass ich heute hier vor Ihnen stehe. Mein Vater war ein ausländischer Student, der aus einem kleinen Dorf in Kenia stammte. Er verbrachte seine Kindheit damit, Ziegen zu hüten und ist in einer Wellblechhütte zur Schule gegangen. Sein Vater, also mein Großvater, war Koch, ein Hausangestellter … Die harte Arbeit und Beharrlichkeit meines Vaters wurden

Obama neben George W. Bush, nachdem dieser den „Federal Funding Accountability and Transparency Act" von 2006 unterzeichnet hatte, den u. a. Obama und Senator Tom Coburn, ein Republikaner aus Oklahoma, auf den Weg gebracht hatten.

schließlich belohnt, und er bekam ein Stipendium für ein fantastisches Land – für Amerika, das schon für so viele vor ihm der Inbegriff der Freiheit und der unbeschränkten Möglichkeiten gewesen war. Während seines Studiums lernte er meine Mutter kennen. Sie stammt aus einer Stadt am anderen Ende der Welt, aus Kansas … Meine Eltern vereinte nicht nur eine unwahrscheinliche Liebe; sie vereinte auch der unerschütterliche Glaube an die Möglichkeiten dieser Nation. Sie gaben mir einen afrikanischen Namen, Barack – oder ‚gesegnet' – im Glauben, dass ein Name im toleranten Amerika kein Hindernis für einen Menschen auf seinem Weg bedeuten kann … Ich stehe hier vor Ihnen mit dem Wissen, dass meine Geschichte ein Teil der größeren amerikanischen Geschichte ist, dass ich all denen, die vor mir kamen, zutiefst dankbar bin und dass meine Geschichte in keinem anderen Land der Welt möglich wäre."

Inzwischen steht er auf einer noch größeren Bühne. Und Obamas Geschichte kommt einem noch unglaublicher vor: Wie es ein „großer, schlaksiger Junge mit großen Ohren" (wie er sich selbst beschreibt) schafft, bis zum Präsidentschaftskandidaten aufzusteigen, obwohl er irgendwo mitten in den USA geboren wird, in Hawaii aufwächst, stets ein Außenseiter, ein schwarzer Junge ist, der mit zwei Jahren von seinem Vater und längere Zeit auch von seiner Mutter verlassen wird, von ihren Eltern in einem weißen Vorort aufgezogen und von anderen mit eindeutigerer Hautfarbe und Herkunft oft schief angesehen wird – ein Junge, der um seine Identität und einen Sinn in seinem Leben kämpfen muss. Er wird zu einer Stimme, die eine vereinte Gesellschaft fordert, nicht mehr getrennt in liberal und konservativ, rot und blau, schwarz und weiß, sondern so ungeteilt, wie er sich selbst stets darum bemüht hat, sein zweigeteiltes Herz zu vereinen.

DER JUNGE BARRY

„Komm zu uns, Obama!", riefen die Menschen 2006 in Kisumu (rechts) und schwenkten begeistert amerikanische Fähnchen. Obama wurde auch in Kogelo (oben rechts), dem Heimatdorf seines verstorbenen Vaters, herzlich willkommen geheißen und besuchte dort seine Stiefgroßmutter Sarah Hussein Onyango Obama (oben).

Als Obama 1987 Kenia das erste Mal besuchte, war er 26 Jahre alt, arbeitete als Sozialbetreuer in Chicago und bereitete sich auf sein Jurastudium an der Harvard Law School vor. Nach der Landung musste er feststellen, dass sein Gepäck unterwegs verloren gegangen war. Er wurde von seiner Tante in einem uralten VW-Käfer mit knatterndem Motor und ohne Auspuff nach Nairobi gefahren.

Um nach Kogelo zu gelangen, dem Dorf seiner Vorfahren im ländlichen Westen Kenias – jenem Landstrich, den Hemingway in seinem Roman *Die grünen Hügel Afrikas* verewigte – nahm er einen Nachtzug nach Kisumu, von wo aus er stundenlang in einem überfüllten klapprigen Bus mit abgefahrenen Reifen und wenigen Sitzen die Reise fortsetzte. Auf seinem Schoß befand sich seine Halbschwester Auma, ein Korb voller Yamwurzeln und ein brüllendes Baby, das ihm eine Fremde in den Arm gedrückt hatte. Nichts war so, wie er sich den Besuch im Land seines Vaters vorgestellt hatte – „als eine Heimkehr … mit Wolken, die sich lichteten, alten Dämonen, die endlich verschwanden, und einer Erde, die erbebte, wenn sich die Ahnen zur Feier erhoben".

Neunzehn Jahre später schien sich diese Vorstellung doch noch zu erfüllen, als Obama, seine Frau Michelle und die beiden Töchter Malia und Sasha im Sommer 2006 auf dem Kenyatta

Obama mit Sarah in Kogelo (unten) und in Nairobi mit seinen Töchtern beim Wässern eines Olivenbaums – daneben die in gelb gekleidete Friedensnobelpreisträgerin Wangari Maathai. „Nachdem meine Tränen schließlich versiegt waren", schreibt Obama über den Besuch am Grab seines Vaters im Jahr 1987, „überkam mich eine große Ruhe. Ich spürte, wie sich der Kreis schloss."

„Das amerikanische Volk ist im Inneren anständig, doch dem wird viel zu wenig Rechnung getragen."

BARACK OBAMA

International Airport in Nairobi landeten. Der amerikanische Botschafter begrüßte sie am Flugzeug, und sie wurden ohne Zwischenfälle an Journalistenhorden vorbeigeschleust. Mit einer Eskorte von zwölf Wägen fuhren sie nach Nairobi.

Begeisterte Menschen, von denen viele Obama-T-Shirts trugen, skandierten: „Komm zu uns, Obama!", während er das Denkmal für die von einer Bombe zerstörte U.S. Botschaft in Nairobi besuchte.

Diesmal verzichtete er auf den Nachtzug und flog mit seiner Familie direkt nach Kisumu. Tausende säumten den Weg nach Kogelo. Viele saßen auf Bäumen, um die Wagenkolonne besser sehen zu können. Schließlich war er einer der ihren – ein Mitglied des Luo-Stamms, das nach Hause kam. „Er ist unser Bruder", meinte ein Mann. „Er ist unser Sohn."

In Kogelo, dem winzigen Dorf, in dem Obamas Vater und Großvater nebeneinander in einem Grab liegen, wohnt noch immer eine über 80-jährige Frau, die er seine „Oma" nennt. Menschenmengen riefen seinen Namen, ein Stammessänger stimmte einen Lobgesang an, und Kinder trugen zu Obamas Ehren selbstgedichtete Lieder vor. Ein Dorfbewohner überreichte ihm ein Geschenk, „um unsere Anerkennung zu zeigen" – eine dreijährige Ziege an einer zerschlissenen Lederleine. „Sie ist schön fett", beteuerte er, „und sehr süß." Obama lehnte höflich ab und teilte stattdessen mit seiner Familie, Auma, die zwischen ihm und seiner Luo sprechenden Großmutter dolmetschte, und anderen Verwandten ein Essen aus Hühnerfleisch, Haferbrei und Kohl.

„Obwohl ich auf der anderen Seite der Welt aufgewachsen bin", erzählte Obama den Dorfbewohnern über seinen Besuch vor 19 Jahren,

„konnte ich die Seelen der Menschen spüren, die mir sagten, dass ich dazugehöre."

Aber er war nicht unbefangen nach Kenia gekommen. In seinem Buch *Ein amerikanischer Traum* schreibt Obama, er sei „ein Abendländer, der nicht hundertprozentig im Westen zu Hause ist und ein Afrikaner auf dem Weg in ein Land voller Fremder".

Als er dort ankam, spürte er jedoch eine Veränderung, die auch Freunde bei ihrer ersten Afrikareise erlebt hatten. „Für einen bestimmten Zeitraum, für Wochen oder sogar Monate", schreibt er, „erfüllte mich ein Gefühl der Freiheit, das daher rührte, weil man mich nicht beobachtete. Eine Freiheit, weil man weiß, dass die Haare genau so wachsen, wie sie wachsen sollen, und weil der Hintern bei jedem Schritt genau so schwingt, wie er schwingen soll … Hier war die Welt schwarz, und hier war ich einfach nur ich."

Bis zu seiner ersten Reise nach Afrika hatte ihn ein langer und oft quälender Kampf geplagt, um zu verstehen, wer er eigentlich war. Diese Reise, die ein wichtiger Schritt auf dem Weg zum Erwachsenwerden schien, half ihm, die Welt, in der er aufgewachsen war und die Welt seines Vaters, den er nie wirklich kennen gelernt hatte, miteinander zu versöhnen.

Es war „der Alptraum eines jeden Zehnjährigen", meint Obama über seinen ersten Schultag an Honolulus Punahou-Schule im Jahr 1971. Eine freundliche Lehrerin mit dem lustigen Namen Miss Hefty stellte ihn der Klasse vor. Als die Kinder seinen Namen hörten, brachen sie in Gekicher aus.

„Ich dachte, du heißt Barry", sagte ein Junge, der ihn und seinen Großvater auf dem Weg zur Schule getroffen hatte.

„Barack ist aber ein schöner Name", meinte Miss Hefty, die selbst in Kenia gelebt hatte und sich sehr darüber freute, dass der Vater des neuen Jungen Kenianer war. „Kenia ist ein großartiges Land. Weißt du, welchem Stamm dein Vater angehört?"

Als Obama leise „Luo" antwortete, gab ein Junge in der Klasse Affengeräusche von sich. Die Kinder brachen in lautes Gelächter aus. Bereits am ersten Schultag fragte ein rothaariges Mädchen Obama, ob sie seine Haare anfühlen dürfte. Ein anderer wollte wissen, ob sein Vater Kannibale sei.

Obama wohnte in einer Dreizimmerwohnung im neunten Stock. Der Wohnblock lag in einem der weniger begehrten Viertel des schicken Honolulu (links). Mit zehn Jahren wurde er in der elitären Punahou-Schule aufgenommen (unten rechts und links), nachdem der Vorgesetzte seines Großvaters, der als Kind diese Schule besucht hatte, seinen Einfluss geltend gemacht hatte. Obama mit seiner Mutter Ann Dunham (unten ganz links) in den sechziger Jahren.

„Ich fand heraus, dass ich nie etwas lernte, wenn ich mich weigerte, anderen zuzuhören oder mich nicht darum bemühte, mit ihnen ins Gespräch zu kommen. So etwas kann also bestimmt keine gute Ausgangsbasis für unsere Politik sein.“

BARACK OBAMA

„Es war bald kein Novum mehr, mich in der Klasse zu haben", schreibt Obama. Seine Klassenkameraden stammten aus gutbürgerlichen, wohlhabenden Familien, die in großen Häusern wohnten. Die Dreizimmerwohnung, die Obama mit seinen Großeltern mütterlicherseits teilte, wirkte dagegen wie ein schäbiges Loch. Er erlebte keine offenkundige Gewalt, er wurde nicht verprügelt oder verhöhnt. Die anderen Kinder verloren einfach das Interesse an einem schwarzen Jungen, der Fußball, Badminton und Schach spielte – Spiele, der ihm sein indonesischer Stiefvater während der vier Jahre, die er mit seiner Mutter in Jakarta verbrachte, gelehrt hatte, ehe er wieder alleine nach Hawaii zurückkehrte. Einen Football werfen oder Skateboard fahren konnte er nicht.

Nach einigen Monaten hatte er einige Freunde gewonnen und war zumindest in der Lage „einen ziemlich eiernden Football zu werfen". Trotzdem

Obamas Mutter, Ann Dunham (hier mit seinem indonesischen Stiefvater Lolo Soetoro und Obamas Halbschwester Maya Soetoro), bestand darauf, dass er während seiner vier Jahre in Indonesien neben der Schule auch an einem amerikanischen Fernunterricht teilnahm. Sie weckte ihn jeden Morgen um vier Uhr und unterrichtete ihn für drei Stunden, ehe er zur Schule und sie zur Arbeit in die amerikanische Botschaft ging. Nachdem Barrack Hussein Obama (rechts) die Weihnachtsferien mit seinem zehnjährigen Sohn in Hawaii verbracht hatte, wo dieser bei seinen Großeltern wohnte, sollten sich Vater und Sohn nie wiedersehen.

zog er sich meist zurück, ging nach der Schule sofort nach Hause, las Comics, sah fern und hörte Radio. „Ich fühlte mich sicher", schreibt er. „Es war ganz so, als ob ich in einen langen Winterschlaf versunken wäre."

Dieses Gefühl der Sicherheit hielt allerdings nur kurz an. Obamas Großeltern („Gramps" und „Toot" – die Kurzform von tutu, hawaiianisch für Großmutter) verkündeten nämlich, dass sein Vater

Weihnachten bei ihnen verbringen würde. Obama war sieben Monate alt gewesen, als er ihn das letzte Mal besucht hatte. Außerdem wollte auch seine Mutter Ann mit seiner Halbschwester Maya über die Ferien von Jakarta nach Hawaii kommen. „Das wird ein Mordsweihnachten", meinte Gramps.

Jahre später schreibt Obama, dass sein Vater während seiner Jugend für ihn „ein Mythos war – sowohl mehr als auch weniger als ein Mann", ein Mensch, den er nur durch die größtenteils liebevollen Geschichten und Erinnerungen der Mutter und der Großeltern kannte. In ihren Schilderungen war Barack Senior groß und attraktiv, elegant und klug. Er hatte einen tiefen, sonoren Bariton und einen britischen Akzent, eine eindrucksvolle Singstimme und war ein exzellenter Tänzer. Er war stark und gütig, ehrlich und offen – Charaktereigenschaften, die ihn sowohl „ein bisschen tyrannisch" als auch „manchmal kompromisslos" erscheinen ließen, wie Obamas Mutter meinte. Er war außergewöhnlich intelligent, ein Mitglied der angesehenen amerikanischen Studentenvereinigung Phi Beta Kappa und außerdem charmant und selbstbewusst

„Es lässt sich nicht leugnen, Bar", erklärte Gramps. „Dein Vater war immer Herr jeder Lage – und deswegen mochte ihn auch alle."

Im Familienalbum sah Obama das „dunkle, lachende Gesicht, die markante Stirn und die dicken Brillengläser, die ihn älter machten als er tatsächlich war".

Obama erfuhr von seiner Mutter, dass sein Vater an den Ufern des Viktoriasees geboren wurde. Dessen Vater – Hussein Onyango Obama – war ein Weiser seines Stammes, ein Heiler und Medizinmann. Er brachte seinem Sohn bei, wie man Ziegenherden hütet, und gleichzeitig vermittelte er ihm, wie wichtig eine gute Bildung ist, indem er ihn auf eine britische Kolonialschule schickte. Danach ging Barack Senior mit einem Stipendium an die Hochschule in Nairobi. Als Kenia sich auf seine Unabhängigkeit vorbereitete, konnte er in Amerika seine Ausbildung mit dem Ziel fortsetzen, nach seiner Rückkehr

als Führungskraft der neuen Nation zu Ruhm und Wohlstand zu verhelfen.

1959 wurde Obamas Vater, im Alter von 23 Jahren, der erste schwarze Student an der Universität von Hawaii. Seinem Sohn zufolge lernte der „pechschwarze" Barack in einem Russischkurs an der Uni eine fröhliche, aufgeschlossene 18-jährige Studienanfängerin kennen, die „weiß wie Milch" war.

Ann Dunham war die in Kansas geborene Tochter eines Möbelhausmanagers und Versicherungsvertreters, der eine künstlerische Ader hatte – er schrieb Gedichte und hörte viel Jazz.

Seine eher pragmatisch veranlagte Frau war eine überaus pflichtbewusste Bankangestellte. Ihre aus Kansas stammende Familie kann einen berühmten Vorfahren aufweisen – Jefferson Davis, den Präsidenten der Konföderierten Staaten von Amerika. Die Dunhams zogen ein Jahr nach Barack Senior nach Hawaii, wo dieser ihre Tochter nach einer kurzen Zeit der Verlobung heiratete, was 1960 in

„Ich habe Verwandte, die wie Bernie Mac aussehen und andere, die Margaret Thatcher ähneln. Wir haben also alles."

BARACK OBAMA

1962, ein Jahr nach der Geburt des Sohns, machte sein Vater seinen Abschluss in Volkswirtschaft. Er hatte insgesamt nur drei Jahre für sein Studium gebraucht.

Trotz eines großzügigen Stipendiums der New School in New York, mit dem er auch seine Familie hätte unterstützen können, wählte Obama Senior ein Stipendium für Harvard, das allerdings nur die Studiengebühren abdeckte. Er meinte, dass ihm ein Doktortitel der weltberühmten Universität in seinem Heimatland mehr nützen würde. Schließlich sollte er dort nach seiner Rückkehr eine Führungsposition einnehmen.

So zog er allein nach Boston. Es war abgemacht, dass Ann und ihr Sohn nach seinem Studium wieder zu ihm stoßen würden, damit sie gemeinsam als Familie nach Kenia übersiedelten.

Doch die Beziehung zwischen den Eltern litt sowohl unter der Entfernung als auch unter der langen Trennung. Das Paar ließ sich scheiden. Jegliche Erinnerungen, die der kleine Obama von seinem Vater hatte, verschwanden bald.

Seine Mutter heiratete erneut und zog 1967 mit ihrem Sohn und ihrem neuen Mann Lolo Soetoro – ebenfalls Absolvent der Universität von Hawaii – in sein Heimatland Indonesien, wo Obama vier Jahre verbrachte.

Als er etwas älter war, wurde ihm mitgeteilt, dass sein Vater nach seinem Studium in Harvard nach Kenia zurückgekehrt sei. Dort wurde er Volkswirt und spielte eine wichtige Rolle in der Regierung der neuen Nation. Außerdem heiratete er wieder und zeugte weitere fünf Kinder. Diese vier Jungen und ein Mädchen, wie Ann ihrem Sohn mitteilte, waren seine Halbbrüder und seine Halbschwester, seine Familie in Afrika. Später erfuhr Obama, dass

den meisten Bundesstaaten noch als Verbrechen geahndet wurde. „In vielen Südstaaten", schreibt Obama, „hätte man meinen Vater am nächsten Baum aufgeknüpft, wenn er auch nur gewagt hätte, meine Mutter angeblich falsch anzusehen."

Hawaii aber – als neues Mitglied der Vereinigten Staaten – war jung und relativ tolerant. Nirgendwo kann man in der Familiengeschichte nachlesen, dass Obamas Eltern auf den Straßen von Honolulu beschimpft worden wären. Im Jahr

Der Präsident der Konföderierten Staaten von Amerika, Jefferson Davis (oben links), ist ein entfernter Verwandter von Obama mütterlicherseits. Er wäre als Führer der Südstaaten sicherlich sprachlos gewesen, zu erfahren, dass der kleine Baseballspieler (rechts) zum Anwärter auf das Präsidentenamt jener Union heranwachsen sollte, mit der sich Davis noch wegen der Sklaverei bekriegt hatte.

so vieles, was man ihm von seinem Vater erzählt hatte, nichts mit der Realität zu tun hatte.

Der vierwöchige Besuch seines Vaters 1971 auf Hawaii verlief anfangs schwierig, geprägt von langen Schweigeperioden und vielen Enttäuschungen. Barack Senior war kurz zuvor in einen Autounfall verwickelt gewesen und ging am Stock. Er war dünner als Obama es erwartet hatte, und wirkte gebrechlich. Seine Augen waren gelb verschleiert, das typische Anzeichen von Malaria. Wenn ihn

„Er steht für Stärke und Mäßigung, er ist eine amerikanische Erfolgsstory."

SENATOR JOHN MCCAIN ÜBER OBAMA

sein Vater herrisch dazu aufforderte, den Fernseher auszuschalten – „Der Junge hat den ganzen Tag lang diese Maschine angestarrt! Jetzt ist es endlich an der Zeit, zu arbeiten!" –, rannte Obama wütend in sein Zimmer und warf die Tür hinter sich zu.

Als Miss Hefty seinen Vater in die Schule einlud, um dort einen Vortrag zu halten, geriet der junge Obama in Panik. Zuvor hatte er noch vor Freunden geprahlt, dass sein Großvater ein Stammeshäuptling – „so was wie ein König" – sei, sein Vater der Prinz und er selbst folglich der nächste, der die Luo, einen „Stamm von Kriegern", anführen würde. Außerdem hatte er behauptet, sein Familienname Obama bedeute übersetzt „Brennender Speer".

So sehr er auch fürchtete, dass seine Übertreibungen als Lügen entlarvt würden, geriet er doch wie seine Klassenkameraden und Lehrer in den Bann seines Vaters, als dieser eindringlich und wortgewandt über Kenia, seine Bevölkerung und Geschichte berichtete. Als der Beifall nach dem Vortrag allmählich abklang, meinte ein Lehrer zum jungen Obama „Du hast einen sehr beeindruckenden Vater."

„Dein Vater ist ja total cool", meinte nun auch der Klassenkamerad, der an seinem erstem Schultag gefragt hatte, ob sein Vater Kannibale sei.

Danach entspannte sich die Atmosphäre zwischen Vater und Sohn. Sie gingen auf ein Konzert von Dave Brubeck, und sein Vater schenkte ihm zu Weihnachten einen Basketball. Sie spazierten durch die Stadt, Obama Senior erzählte von alten Freunden aus Studienzeiten, und sie lagen nebeneinander auf dem Bett und lasen. Am Tag seiner Abreise gab der Vater seinem Sohn zwei Schallplatten mit afrikanischer Musik, die er als Geschenk aus Kenia mitgebracht hatte.

„Sieh genau zu, Barry", meinte sein Vater, als er die erste LP auf Gramps Plattenspieler legte. „Jetzt lernst du vom Meister." Sein Vater begann sich zur Musik hin- und herzubewegen, die Arme baumelten, „als ob er ein unsichtbares Netz auswerfen würde", während er den Kopf in den Nacken gelegt und die Augen geschlossen hatte. Seine „Hüften ließ er kreisen … und stieß von Zeit zu Zeit einen hellen, hohen Schrei aus."

Obama würde sich für immer an den Ton dieses Schreis erinnern. Obwohl er seinem Vater schrieb und von einem Wiedersehen träumte, sollte sich dieser Wunsch nicht erfüllen.

Nachdem ihn sein Großvater zu einem Basketballspiel an der Universität von Hawaii mitgenommen hatte, übte Obama (hier im Punahou-Junior-Schulteam von 1977 in der zweiten Reihe, der Dritte von rechts) tagtäglich stundenlang allein auf einem Sportplatz in der Nähe der Wohnung.

Kurz nachdem sein Vater nach Kenia zurückgekehrt war, verließ Obama seine Großeltern. Er zog zu seiner Mutter, die sich mittlerweile von ihrem zweiten Mann getrennt hatte und wieder in Hawaii lebte, um Anthropologie zu studieren.

Während der drei Jahre mit seiner Mutter Ann und seiner Halbschwester Maya entwickelte sich eine große Nähe zwischen den dreien. Die Ideale der Mutter, die von den sechziger Jahren und der Bürgerrechtsbewegung geprägt waren, begannen auch in ihm Wurzeln zu schlagen. Ann trichterte ihm förmlich ihre Wertvorstellungen ein – „Toleranz, Gleichberechtigung und Verteidigung der Schwächeren." Als Obama 13 Jahre alt war, ermutigte ihn Ann dazu, mit ihr und Maya nach Indonesien zurückzukehren, denn sie musste dort für ihr Studium Feldforschung betreiben. Er lehnte ab.

Als Grund gab er an, sich in seiner Schule eingelebt zu haben und nicht wieder als der Neue gelten zu wollen, wieder ein Fremder zu sein, der sich in einer unbekannten Welt neu behaupten musste.

Aber was wirklich dahinter steckte, verriet er erst später. Er hatte nämlich begonnen, „einen schwierigen inneren Kampf" mit sich auszutragen, um seine eigene Identität zu finden. Er wollte mit der grundsätzlichen Tatsache fertig werden, ein „Schwarzer in Amerika" zu sein und zwar ohne Vorbild oder Vater, von dem er hätte lernen können.

Also zog er in sein altes Zimmer in der Wohnung der Großeltern zurück und führte das normale Leben eines Teenagers zwischen Schule, Teilzeitjobs und dem Versuch, das „stürmische Verlangen" in ihm unter Kontrolle zu halten.

Jahre später, als Obama für den U.S.-Senat kandidierte, erzählte er einmal einem Journalisten, dass er in der siebten Klasse einen „solchen Terror" veranstaltet hätte, „dass die Lehrer kaum wussten, was sie mit mir machen sollten".

Seine mittlerweile in Honolulu verheiratete Schwester verriet dem *Time Magazine,* dass er schon in der High School „etwas Ungewöhnliches ausstrahlte. Er war charismatisch", meinte Maya Soetoro-Ng. „Er hatte viele Freunde" und eine solche Ausstrahlung auf Frauen, dass er einfach auf den Universitätscampus stolzierte, um dort Studentinnen kennen zu lernen.

Während seiner Jahre auf der High School versuchte er die tieferen Geheimnisse des Lebens zu erkunden. Er wollte herausfinden, wer er war und was einmal aus ihm werden sollte. Aufmerksam las

er die Briefe seines Vaters und saugte, so viel er konnte, von den schwarzen Freunden seines Großvaters, dessen Poker- und Trinkkumpanen auf. Sein Vater bot ihm nur vage Vergleiche an. „Wie Wasser, das seinen Pegel findet, wirst auch du deine Laufbahn finden", schrieb er z. B. in einem Brief. Gramps Freunde waren zwar nett, aber sobald sie die Karten ausgeteilt hatten, wurden sie still. Barry hing also meistens an seinem Lieblingstreffpunkt

herum, einer Bar in Honolulus Rotlichtbezirk, um dort „in Strohhalme zu pusten und pornographische Kunst an den Wänden zu bestaunen".

Fernsehen, Radio und Filme boten Obama eine gewisse Anleitung für sein Leben. Er hörte Marvin

„Ich habe meine besten weißen Freunde auf dem Sportplatz gefunden. Dort, wo das Schwarzsein keinen Nachteil bedeutete", schreibt Obama in *Ein amerikanischer Traum* (links, kurz vor dem Wurf sowie in der obersten Reihe ganz rechts im Schulteam 1979).

„Es ist der tiefe Glaube daran, meines Bruders und meiner Schwester Hüter zu sein, warum dieses Land funktioniert."

BARACK OBAMA

WE GO PLAY HOOP

Thanks Tut, Gramps, Choom Gang, and Ray for all the good times.

Barry Obama

Gaye schmachten, lernte die Tanzschritte von *Soul Train*, sah sich Shafts coolen Gang an, hörte, wie er redete und lernte den Wortwitz, den Umgang mit der Sprache und auch das Fluchen Richard Pryors zu schätzen. Aber es fiel ihm ebenfalls auf, dass Bill Cosby in *Tennis, Schläger und Kanonen* nie eine Frau abbekam und dass der Schwarze in *Mission Impossible* nie aus seiner unterirdischen Höhle ans Tageslicht gelangte.

Auch wenn die Briefe des Vaters nicht weiterhalfen, so bewirkte doch sein Weihnachtsgeschenk wahre Wunder. Football lag Obama nicht, aber Basketball spielte er nicht schlecht und vor allem – wie er schreibt – „mit einer unbändigen Leidenschaft, die mein begrenztes Talent weit übertraf". Er war gut genug, um in das Schulteam zu gelangen. Zudem nahm er jede Gelegenheit wahr, an der Universität von Hawaii zu spielen. Dort brachten ihm einige schwarze Spieler auch ein paar Regeln über das andere, das größere Spiel namens Leben bei, und zwar „dass Respekt aus einem selbst heraus kommen muss und nicht von deinem Vater"; dass man Blödsinn reden durfte, solange man wirklich dahinterstehen konnte, was man sagte; und dass ein Mann niemals Gefühle zeigen durfte, die sein Gegner nicht sehen sollte – vor allem nicht Schmerzen und Angst.

Jahre später sollte er einsehen, wie er schreibt, dass er „die Karikatur eines schwarzen Teenagers auslebte, den Abklatsch des angeberischen amerikanischen Männlichkeitsideals".

Beim Basketball fand Obama Freunde, sowohl Weiße als auch Schwarze. Sein bester Freund Ray, ein Schwarzer, war ein einnehmender, intelligenter und guter Athlet, ein Sprinter von olympischem Kaliber, dessen Schmerbauch das allerdings nicht vermuten ließ. Er war einer der immer größer

werdenden Anzahl von jungen Schwarzen, die das kontinentale Amerika hinter sich ließen, um auf der Insel neu anzufangen, und dessen „Verwirrung und Wut" Obama sehr beeinflussten.

„Rasse spielt in diesem Land noch immer eine große Rolle, und es gibt bestimmte Vorurteile, mit denen ich mich auseinander setzen muss. Aber meiner Erfahrung nach beurteilen die Leute jemanden nach seinen Qualitäten, sobald sie ihn einmal kennen."

BARACK OBAMA

Obama, Ray und ein paar andere schwarze Freunde bekräftigten ihre Freundschaft u. a. dadurch, dass sie über „weiße Leute" lachten oder sich gegenseitig die Beleidigungen und Kränkungen aufzählten, die sie erleben mussten. So wurde Obama z. B. von einem Siebtklässler als „coon" bezeichnet (ein Schimpfwort für Schwarze), ein Berufstennisspieler verbot ihm, einen Spielplan anzufassen, weil er ihn mit seiner Hautfarbe verschmutzen würde, und ein Basketball-Trainer beschwerte sich bei einem Auftaktspiel, dass die Gegner nichts anderes als „eine Horde Nigger" seien.

Trotzdem fühlte sich Obama nicht ganz wohl bei seinem Gehabe. Obama schreibt: „Manchmal sprach ich mit Ray über die ‚Weißen' und wie sie ‚dies und jenes' taten. Plötzlich sah ich das Lächeln meiner Mutter vor mir, und die Worte, die aus meinem Mund kamen, waren mir auf einmal peinlich und schienen falsch."

Obwohl Ray ihm oft genug versicherte, dass er Gramps und Toot sehr mochte, sah sich Obama

---

In der High-School als ‚Barry' bekannt – der Name, den auch sein Vater während seiner Jahre in den USA benutzt hatte – bedankte sich Obama im Jahrbuch von 1979 (links) bei seiner Großmutter („Tut" oder „Toot" ist die Kurzform für das hawaiianische Wort „tutu" für Großvater oder Großmutter). Oben – Mondschein über Diamond Head am frühen Morgen.

durch die ständigen Bemerkungen über Weiße und deren Rassismus dazu veranlasst, Ray darauf aufmerksam zu machen, dass „[sie] nicht im tiefen Süden" und auch nicht „in den Baracken von Harlem oder der Bronx wohnen. Wir sind verdammt noch mal auf Hawaii!"

Obamas Abiturfeier im Jahr 1979 – mit seinen Großeltern mütterlicherseits Stanley Armour Dunham und dessen Frau Madelyn Payne, beide aus Kansas (ganz oben). In seinen Memoiren schreibt Obama über Malcolm X (oben, 1963 in Harlem): „Ich fand seine Art, sich immer wieder neu zu erfinden, faszinierend … Die schonungslose Poesie seiner Worte und sein klares Beharren auf Respekt versprachen eine neue und kompromisslose Ordnung der Dinge."

So verlief sein Leben zwischen Schule und Basketball, zwischen den Freunden und dem Abendessen zu Hause, nach dem er mit Gramps den Abwasch machte – ein „Hin- und Herpendeln zwischen meiner weißen und meiner schwarzen Welt".

Aber die beiden Welten prallten immer wieder aufeinander. So zuckte er z. B. zusammen, wenn ein weißes Mädchen ihre Begeisterung für Stevie Wonder ausdrückte, wenn ihn die Kassiererin fragte, ob er Basketball spiele oder wenn der Rektor meinte, er sei ein cooler Typ. „Ich mochte Stevie Wonder", schreibt er. „Ich liebte Basketball, und ich tat alles, um cool zu sein." Also versuchte er zu verstehen, warum ihn solche scheinbar harmlosen, durchaus nett gemeinten Kommentare aus der Bahn warfen. Doch fürs Erste wusste er keine Antwort darauf.

Auf seiner Suche nach Vorbildern oder einem Ersatz für den Vater, der in seinem Leben fehlte, fand Obama auch Anregungen in den Büchern von James Baldwin, Ralph Ellison, Langston Hughes, Richard Wright und W.E.B. Du Bois. Aber noch während er sie verschlang – nicht um der Unterhaltung willen, sondern weil er nach ihren versteckten Botschaften und tieferen Wahrheiten suchte –, verstörte ihn das, was er in ihrem Kern zu erkennen glaubte. „Immer wieder stieß ich auf die gleiche Angst", schreibt er, „den gleichen Zweifel – auf einen Selbsthass, den weder Ironie noch Intellekt verdecken konnten. Sogar Du Bois' Bildung, Baldwins Liebe und Langstons Humor mussten dieser zerstörerischen Kraft weichen, bis jeder von ihnen dazu gezwungen wurde, die erlösenden Fähigkeiten der Kunst selbst in Zweifel zu ziehen."

Malcolm X schien der Einzige zu sein, der nicht aufgab. Während sich andere zurückzogen („erschöpfte, verbittere Menschen, vom Teufel gejagt"), sah Obama bei Malcolm einen eigenen Pfad zur Erlösung. Aber auch dieser Mann konnte kein Heilmittel gegen seinen tiefsten Schmerz finden, vermochte die Wunden dieser gespaltenen Welt nicht zu heilen. „Er sprach von einem Wunsch, den er hatte. Dem Wunsch, das weiße Blut, das durch Gewalt in seine Adern gelangt war" – und zwar durch eine Vergewaltigung – „für immer tilgen zu können."

Für Obama hätte das jedoch bedeutet, „den Weg zur Selbstachtung" zu verlassen, auf den er durch seine Suche gestoßen war. Er hätte sich selbst verraten, wenn er „Mutter und Großeltern an irgendeinem Punkt einfach hinter sich gelassen" hätte.

Obwohl es in Obamas Buch nicht erwähnt wird, scheint zu dieser Zeit allmählich ein Gefühl in ihm herangereift zu sein, das Rettung versprach. Während er eifrig las, sich weiterbildete, seine tiefsten Empfindungen erforschte, um sie zu entwirren,

alles stets in der Hoffnung, den wahren Kern, den Vater, in sich zu finden, entwickelte er sich langsam, aber sicher zum Autor.

Es sollte noch Jahrzehnte dauern, ehe er sein Talent für das geschriebene Wort wirklich entdeckte – *Ein amerikanischer Traum* verfasste er während seiner Anfangszeit als Anwalt zu Beginn der neunziger Jahre, lange vor seinen ersten Ausflügen in die Politik. Aber keine zwei Jahre nach seinem High School-Abschluss fand er das wichtigste Werkzeug des Schriftstellers und seine größte Begabung – seine Stimme.

> **„Ich habe verschiedene politische Vorbilder, u. a. solche Ikonen wie Dr. King, den Kongressabgeordneten John Lewis und Präsident Lincoln. Diese Männer waren Visionäre, sie waren inspirierend und gaben denjenigen von uns, die sich mit ihnen beschäftigten, ein Gefühl der Hoffnung und der Bestimmung und einen Grund, sich einzumischen."**
>
> BARACK OBAMA

„Junkie. Kiffer. Das war der Weg, den ich ging – die letzte, tödliche Rolle eines jungen Möchtegern-Schwarzen."

So beschreibt sich Obama als 18-jähriger Studienanfänger am Occidental College 1979 in Los Angeles. „Gras half und Alkohol, manchmal auch etwas Härteres, wenn das Geld dafür da war. Aber nie Heroin." Heroin versuchte er nicht, weil der Mann, der ihn dazu überreden wollte, zitterte und schwitzte. Obama gefielen auch weder der

Plastikschlauch zum Abbinden des Arms noch die Nadel, mit der man es spritzte. Er wollte nichts mit dieser Welt der totalen Bewusstlosigkeit zu tun haben, die ihn zu sehr an den Tod erinnerte.

In dieser Zeit nahm er Drogen nicht, um „zu beweisen, was für ein toller Hecht" er war, sondern weil sie ihm halfen, „die Frage zu verdrängen, wer ich eigentlich bin".

„Wenn ich Ihnen gefalle, dann gibt es da draußen eine ganze Reihe junger Männer, die so sein könnten wie ich, bekämen sie nur die Chance."

BARACK OBAMA

Der Campus des Occidental College war eine grüne Oase in der Nähe von Pasadena, weit weg von den wuchernden Ghettos der South Side von L. A.

Obama fand dort sofort Anschluss bei anderen schwarzen Studenten, von denen viele aus den Ghettos stammten und sich glücklich schätzten, den schmutzigen und gefährlichen Straßen, in denen sie aufgewachsen waren, entkommen zu sein. „Ich war nicht aus Compton oder Watts", schreibt Obama. „Ich musste nichts außer meinem Selbstzweifel entkommen."

Dann gab es noch die Schwarzen aus den Vororten, wie zum Beispiel eine schöne Studentin, die auf Obamas Frage, ob sie zur schwarzen Studentenvereinigung mitgehen wolle, empört reagierte. „Ich bin nicht schwarz", erklärte sie. „Ich bin mehrrassig!"

Obama verbrachte viel Zeit auf Punahous Sportplatz (oben) und bekam nur „mäßige Noten". Er verschlang Bücher von James Baldwin, Langston Hughes, Richard Wright und anderen berühmten Autoren, die er in den Regalen der Schulbibliothek in Cooke Hall (rechts) fand.

So sehr er auch die Selbstverleugnung einiger Studenten verachtete, konnte er doch nicht abstreiten, dass ihre „verwirrten Seelen" ihm nicht unbekannt vorkamen. „Ihre Verwirrung brachte mich dazu, meine eigene Herkunft erneut zu hinterfragen."

„Ich bin nicht gegen alle Kriege.
Ich bin nur gegen dumme Kriege."

BARACK OBAMA

Er schloss sich jenen Studenten an, deren schwarze Wurzeln und deren Stolz darauf unanfechtbar waren. Einer seiner Freunde war ein stets für Gerechtigkeit kämpfender Mitbewohner im Studentenwohnheim, dessen Schwester zu den Gründungsmitgliedern der *Black Panther* im Mittleren Westen gehörte und der selbst schon Zusammenstöße mit der Polizei gehabt und Freunde im Gefängnis hatte. „Er hatte reines Blut, seine Loyalität war unantastbar, und deshalb kam ich mir in seiner Gegenwart auch immer etwas unsicher vor."

KUSUNOKI *first row:* Eric Kusunoki, Amy Boardman, Brian Wright, Sarah Brown, Janet Sprenger, *second row:* Julie Cooke, Tim Robinson, Kam Chun, Vernette Ferreira, Billy Stoner, Whitey Kahool Nobunaga, Ira Lim, Dean Ando, Robin Helbling, Janet Totaro, Jill Okihiro, Matt Martinson

Obamas Absicht, zu zeigen, dass er ebenso für Gerechtigkeit war wie sein Mitbewohner, ging allerdings nach hinten los, als er einen anderen Freund als „falschen Bruder" verspottete, weil dieser aus der Mittelschicht kam, stets gut gekleidet war, anders sprach und eine weiße Freundin hatte.

„Warum sagst du solche Sachen, Mann?", tadelte ihn sein Mitbewohner. „So wie ich das sehe, müssen wir erst einmal vor unserer eigenen Tür kehren, ehe wir anderen sagen, wie sie sich verhalten sollen."

oldberg, Pam Schuler, Julie Kim, o, Byron Ho, Barry Obama, Brian

Der schick gekleidete Obama (links in Eric Kusunokis Klassenzimmer, in der Mitte stehend) unternahm seine ersten Schreibversuche für das Ka Wai Ola („Das lebendige Wasser"), die literarische Schulzeitschrift. Oben posiert er zusammen mit Freunden für das Abschlussjahrbuch (zweite Reihe rechts).

Später half die Erinnerung an diesen Vorfall und das damit verbundene Schamgefühl, dem Kiffen den Rücken zu kehren. Ihm wurde klar, dass es seine eigene Angst war, nicht dazuzugehören, die ihn dazu gebracht hatte, seinen Freund zu verhöhnen – die Angst davor, „für immer und ewig ein Außenseiter zu bleiben, wenn ich mich nicht ständig duckte und versteckte und so tat, als ob ich anders wäre, als ich das in Wirklichkeit war, während die ganze Welt, ob schwarz oder weiß, immer wieder über mich richtete".

Endlich verstand er, dass er sich nicht von seiner Angst, Wut und Verzweiflung bestimmen lassen musste, sondern dass beide Welten – schwarz und weiß, die seines Vaters und die seiner Mutter –, ein Teil von ihm waren. „Mir hatten die Phantasie und die Nerven gefehlt", schreibt er, „so dass ich meinte, wählen zu müssen."

Einen Eindruck, was die Zukunft bringen könnte, bekamen Obamas Kommilitonen in seinem zweiten Studienjahr, das sein letztes am Occidental College wurde. Eine Bekannte forderte ihn auf, an einer nationalen Studentenbewegung teilzunehmen, die forderte, dass alle Colleges und Universitäten ihre finanziellen Verwicklungen mit dem Apartheidsregime in Südafrika aufgaben.

„Eine Politik bloßer Schlagworte ist nicht länger akzeptabel, um in diesem Land Debatten zu führen."

BARACK OBAMA

Während einer Kundgebung ergriff Obama zum ersten Mal öffentlich das Wort. „Es tobt ein Krieg", sagte er, und sowohl Frisbee spielende Studenten als auch Professoren und andere Kommilitonen hörten ihm zu. „Er tobt auf der anderen Seite des Ozeans. Aber es ist ein Krieg, der jeden von uns angeht ... Ein Krieg, der von uns verlangt, dass wir uns entscheiden. Nicht zwischen schwarz und weiß. Nicht zwischen arm und reich. Nein ... Es ist eine Entscheidung zwischen Würde und Knechtschaft. Zwischen Gerechtigkeit und Ungerechtigkeit. Zwischen Verpflichtung und Gleichgültigkeit. Eine Wahl zwischen Recht und Unrecht."

„Rede weiter, Barack! Sag, wie es ist!", rief jemand aus der Menge.

Doch wie vorher vereinbart, kamen zwei Studenten in Soldatenuniformen auf die Bühne und zerrten ihn herunter, um die fehlende Redefreiheit in Südafrika zu verdeutlichen. Als ihn seine Freunde bereits ergriffen hatten, wollte er jedoch nicht aufhören und riss das Mikrofon an sich. Das Publikum

„klatschte Beifall und johlte, und ich wusste, dass ich die Leute erreicht hatte. Die Verbindung war hergestellt ... Ich wollte unbedingt da oben bleiben, meine Stimme hören, wie sie vom Publikum aufgenommen wurde und als Applaus zu mir zurückkehrte. Ich wollte noch so viel sagen."

Pauahi Hall ist der Mittelpunkt des üppig bewachsenen Punahou-Campus. Während seiner drei Jahre an der Schule – und später am Occidental College – focht Obama „einen harten inneren Kampf", um seine Identität in der zweigeteilten – und vaterlosen – schwarzen und weißen Welt zu finden, in der er aufwuchs.

AUF DEM RICHTIGEN WEG

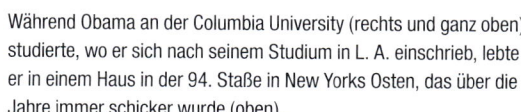

Während Obama an der Columbia University (rechts und ganz oben) studierte, wo er sich nach seinem Studium in L. A. einschrieb, lebte er in einem Haus in der 94. Staße in New Yorks Osten, das über die Jahre immer schicker wurde (oben).

„Ich hoffe, dass du ihm gegenüber keinen Groll hegst", meinte Obamas Mutter, als er sie eines Tages um eine Briefmarke nach Afrika bat, damit er einen Brief an seinen Vater schicken konnte.

Er verneinte zwar, aber mehr als ein Jahrzehnt war vergangen, seitdem er seinen Vater das letzte Mal zu Gesicht bekommen hatte, und ihr Briefwechsel war so gut wie versiegt. In Wirklichkeit hatten sich die beiden derart entfremdet, dass er seinen Vater in einem Briefentwurf sogar mit „Sehr geehrter Herr Obama" ansprach.

Es war im Sommer zwischen Vor- und Hauptstudium an der Columbia University, und seine Mutter und seine Halbschwester waren nach New York gekommen, um ihn besuchen. Obama jobbte auf einer Baustelle und wohnte zusammen mit einem pakistanischen Freund, den er noch aus Los Angeles kannte, in Uptown am Rande von East Harlem.

Es gab mehrere Gründe, warum er vom Occidental College zur Columbia gewechselt hatte. Unter anderem wollte er dem engen Netz, den schlechten Angewohnheiten und der Zügellosigkeit, der er an der Westküste verfallen war, entfliehen. Zudem mochte er die wuchernden Vororte von L. A. nicht, sondern wollte endlich einmal im „Herzen einer echten Stadt wohnen". Die Tatsache, dass sich ein schwarzes Viertel nun gleich um die Ecke befand, war ein weiterer Vorteil.

Obama zog zu Beginn der glitzernden achtziger Jahre nach New York, jener Zeit des Überflusses, als die Wall Street boomte und „Manhattan brummte". Neue, teure Restaurants und Nachtklubs für die explosionsartig zunehmende Gruppe der Yuppies schossen wie Pilze aus dem Boden – „für Männer und Frauen, die gerade mal Ende zwanzig waren [und] schon wahnwitzig reich".

Obama wollte sich gegen die vielen Versuchungen, die an jeder Straßenecke lockten, wappnen und vertiefte sich in sein Studium. Einladungen seines lebenslustigen Mitbewohners, der ständig durch Kneipen zog und neue Mädchen aufriss, schlug er aus. „Du bist ganz schön langweilig geworden", meinte sein Zimmergenosse. Obama konnte dem nicht widersprechen. Er joggte täglich fünf Kilometer, fastete am Sonntag und führte regelmäßig Tagebuch (u. a. schrieb er Texte, die er als „Reflexionen und sehr schlechte Gedichte" abtat, aber es gab auch Passagen, welche als Ausgangsbasis für seine zehn Jahre später verfassten Memoiren dienten).

Wenn er nicht Vorlesungen besuchte oder lernte, erkundete er die Stadt zu Fuß und blickte „hinter das Rauschen" der glitzernden Metropole. Er sah die unzähligen Arbeitslosen und Zurückgelassenen, die von Ratten und Crack verseuchten Mietskasernen, in denen Obdachlose Zuflucht suchten, die von Drogendealern gejagt wurden. Die von der Regierung Reagan hochgepriesene „Trickle-down"-Theorie stellte sich als eine leere Versprechung heraus und zeigte keinerlei Wirkung auf die unvorstellbare Armut der Unterschicht, aus der es kein Entkommen gab.

„Es schien so, als ob die Mittelschicht komplett weggebrochen war", schreibt Obama in seinen Memoiren. Arme und Reiche trennte ein immer breiter werdender Graben, der sowohl rassistische als auch wirtschaftliche Gründe hatte und drohte, zu einem wahren Hexenkessel aus Hass zu werden. Nicht einmal die heiligen Hallen der akademischen Welt waren immun gegen „den Zorn, der die Straßen beherrschte, sondern er fand sich sogar auf den

Wänden der Unitoiletten wieder. Ganz gleich, wie oft die Verwaltung die Wände überstreichen ließ – sie blieben voller Hasstiraden gegen Schwarze und Juden."

Als ihn Mutter und Schwester also im Sommer 1982 besuchten, fanden sie einen völlig anderen jungen Mann vor als den desillusionierten Bummelanten, den sie vor drei Jahren am Occidental College angetroffen hatten. Besonders seine Mutter freute sich, dass er nach der Universität vorhatte, seinen Vater in Kenia zu besuchen. „Ich glaube, dass es großartig für euch sein wird, einander endlich vernünftig kennen zu lernen", meinte sie und fing an, ihm wieder von seinem Vater zu erzählen. Unter anderem berichtete sie, wie er zu ihrer ersten Verabredung eine Stunde zu spät gekommen war. Während sie auf einer Bank vor der Universitätsbibliothek auf ihn wartete, schlief sie ein. Als sie aufwachte, stand ihr zukünftiger Ehemann vor ihr und meinte zu zwei Freunden: „Gentlemen, ich habe euch doch gesagt, dass sie ein gutes Mädchen ist und auf mich warten wird."

Obamas Mutter erzählte diese Geschichte mit einem Lächeln und einer Wärme, die ihm ihre noch immer vorhandene Liebe für seinen Vater deutlich zeigte – obwohl er sie mit einem Baby zurückgelassen hatte, das sie allein aufziehen musste. Obwohl sie sich scheiden ließen, liebte sie ihn noch immer. „Sie sah meinen Vater in einem Licht, in dem jeder gesehen werden möchte", schreibt Obama und fügt hinzu, dass seine Mutter immer versucht hatte, auch dem „Kind, das ihn nie kannte, diese Sicht nahezulegen".

Jegliche Hoffnung, seinen Vater wiederzusehen, zerschlug sich bereits wenige Monate später, als Obama den Anruf einer Tante aus Nairobi entgegennahm. Sein Vater war im Alter von 46 Jahren bei einem Autounfall ums Leben gekommen. Sein Sohn konnte nicht eine Träne um ihn vergießen.

Während sich seine Freunde und Mitstudenten nach ihrem Abschluss um hochbezahlte Jobs bewarben oder weiterstudierten, wurde Obama von der Leidenschaft gepackt, die ihm seine Mutter mit ihren Geschichten über die Bürgerrechtsbewegung und ihre tapferen Freiheitskämpfern und Helden schon als Kind eingepflanzt hatte. Er verspürte inzwischen auch selbst den Wunsch, der Gesellschaft etwas zurückzugeben und den Machtlosen und Entrechteten zu helfen, damit sie sich aus dem ewigen Teufelskreis von Armut und Verzweiflung befreien konnten.

Anstatt also eine Karriere zu planen, in der er immer mehr Geld scheffelte, bereitete er sich 1983 auf sein Leben nach dem Abschluss vor, indem er Dutzende von Briefen an Bürgerrechtsorganisationen, fortschrittliche Politiker wie zum Beispiel Harold Washington (Chicagos erster schwarzer Bürgermeister), Mietervereine und Nachbarschaftsinitiativen schickte.

Aufgrund der verblüffenden Anzahl von Antworten, die er erhielt – nämlich gar keine –, entschied er sich, erst einmal abzuwarten, einen Job anzunehmen, um seinen Studienkredit zurückzuzahlen, und es dann erneut zu versuchen. Diesmal verlief seine Suche erfolgreicher. Ein großes internationales Unternehmen bot ihm eine Stelle als Research-Assistent an. Doch es dauerte nicht lange, ehe er zu einem Optionsverkäufer mit einem eigenen Büro, einer Sekretärin und einem Gehalt befördert wurde, von dem er kaum wusste, wohin damit. Die schwarzen Frauen des Schreibpool waren sehr stolz auf ihn und sich sicher, dass er eines Tages die Firma übernehmen würde.

Obama war schon fast dabei, sich mit dieser Idee anzufreunden, als er einen Anruf aus Afrika erhielt, der ihn erneut an seine Wurzeln erinnerte. Seine Halbschwester Auma teilte ihm mit, dass David, sein Halbbruder, bei einem Motorradunfall ums Leben gekommen sei.

So seltsam das auch sein mochte: Aber diese Nachricht, dass ein ihm völlig Fremder am anderen Ende der Welt ums Leben gekommen war, brachte ihn zur Besinnung. Er erinnerte sich an sein Gelöbnis, sich nützlich zu machen oder zumindest etwas Wichtigeres in seinem Leben anzustreben als zu versuchen, ein Büro in einem höheren Stockwerk mit einem besseren Ausblick zu bekommen. Wenige Monate darauf reichte er seine Kündigung ein und schickte erneut einen Stapel Briefe los, um sich als Sozialbetreuer zu bewerben.

Sechs Monate später wurde ihm eine Stelle als Praktikant bei einem erfahrenem Sozialbetreuer angeboten, der Stellenvermittlungen und Ausbildungszentren in der Chicago South Side aufbaute. Die South Side war ein Viertel, das von Firmenschließungen und Entlassungen besonders

---

„Es ist nicht verwerflich, Geld zu verdienen, aber sein Leben nur daraufhin auszurichten, zeigt, dass es an wahrem Ehrgeiz fehlt."

BARACK OBAMA

---

hart getroffen worden war. Die meisten von Obamas Freunden hätten bei einem Gehalt von 10.000 Dollar im Jahr und einem Zuschuss von 2.000 Dollar für ein Auto nur müde gelächelt. Selbst der Wachmann in seinem Büro riet ihm: „Vergiss dieses soziale Zeug und verdiene lieber ein bisschen Geld … Leuten, die es selbst nicht schaffen, kann man nicht helfen. Und danken werden sie es dir auch nicht." Trotzdem nahm Obama den Job an.

Er verliebte sich sofort in Chicago. Er fuhr am Ufer des Lake Michigan entlang, durch das Stadtzentrum, über den Martin-Luther-King Drive. Er entdeckte das *Regal-Theater,* in dem Duke Ellington und Ella Fitzgerald aufgetreten waren. Während seiner Fahrt durch Chicago erinnerte er sich daran, dass der afroamerikanische Autor Richard Wright hier als Postbote gearbeitet hatte, als er auf die Veröffentlichung seines ersten Buchs wartete. Er kam ins Träumen und dachte an all die Menschen, die in der Hoffnung auf ein besseres Leben vom Süden in den Norden gekommen waren, im Gepäck einen traurigen und aufwühlenden Blues.

An seinem dritten Tag in Chicago stolperte Obama über *Smitty's Barbershop,* einen Herrensalon in seinem Viertel, der eine große Wärme und Geselligkeit ausstrahlte. Hier fühlte er sich sofort zu

„Unser eigenes Seelenheil ist untrennbar mit dem kollektiven Seelenheil verknüpft."

BARACK OBAMA

Hause. Als er den Laden verlassen wollte, meinte Smitty: „Das nächste Mal wartest du aber nicht so lange. Deine Haare sahen schon richtig wild aus." Obama, der mittlerweile mit seiner Familie in Hyde Park wohnt, hat seinen Friseur nie mehr gewechselt.

Wenn Obamas intensives Lesen, das Schreiben des Tagebuchs und seine genaue Selbstanalyse während der Studentenzeit halfen, die ersten Grundsteine für seine Karriere als Autor zu legen, so dienten seine drei Jahre als Sozialbetreuer in Chicago als Lehrzeit für die Politik. Es sollte eine echte Herausforderung werden, die häufig in Frustration und nur selten mit Genugtuung endete, ihm aber deutlich die Misere vor Augen führte, in der sich Amerikas Städte und Zentren befanden. Insbesondere sollte er jedoch die Widerstandsfähigkeit ihrer Bewohner kennen lernen, die zwar machtlos waren, sich aber dennoch eine bessere Zukunft herbeisehnten.

Er arbeitete für ein winziges Netzwerk aus Aktivisten und Freiwilligen der Kirchen der Chicago South Side. Sie versuchten, den Bewohnern des Viertels zu helfen, ihre Situation zu verbessern oder oft auch nur damit fertig zu werden. Die Gegend war sehr heruntergekommen und war geprägt durch eine überdurchschnittlich hohe Anzahl Arbeitsloser, Verbrechen, Schulaussteigern und

Jugendschwangerschaften. In manchen Vierteln der Stadt gab es kaum Dienstleistungen, wie zum Beispiel Polizei. Die Parks wurden nicht überwacht, die Schulen waren unterfinanziert und so dauerte es nicht lange, bis Läden schlossen und zugenagelt wurden. Die einzigen Leute, die blieben,

Obama hilft immer noch in den Vierteln von Chicago, in denen er während der achtziger Jahre als Sozialbetreuer arbeitete. Hier teilt er zum Erntedankfest 2006 zusammen mit Catherine Moore, einer Sozialarbeiterin der St. James Food Pantry, Lebensmittelpakete aus.

waren diejenigen, die es sich nicht leisten konnten, wegzuziehen. Um die Nachbarschaft und ihre Bedürfnisse kennenzulernen, tat Obama dasselbe, was er auch später tun sollte, als er sich als Präsidentschaftskandidat bewarb: Er klopfte an Türen und nahm an unzähligen Nachbarschaftstreffen teil, die in Kirchen, Schulkantinen, sozialen Wohnungseinrichtungen, Imbissbuden, Friseurläden und an Straßenecken stattfanden.

Zwei Jahrzehnte später, als er seine Kandidatur bekannt gab, spielte er auf seine Zeit als Sozialbetreuer in Chicago an. „Ich lernte damals, dass tiefer greifende Veränderungen immer an der Basis beginnen", erklärte er in einer Videoaufzeichnung, „und dass Bürger, die mit Einsatz dabei sind, zusammen ganz außergewöhnliche Dinge schaffen."

Während er also in den achtziger Jahren die Straßen von Chicagos South Side abklapperte, berichteten ihm die Bewohner von ihrer Not, ihren Hoffnungen und ihrer Wut. Er und seine Organi-

---

„Man kann nicht immer die perfekte Lösung finden, aber normalerweise findet man immer eine bessere Lösung."

BARACK OBAMA

---

sation halfen, wann immer möglich, doch häufig scheiterten sie auch. Als ihm eine Frau erzählte, dass ein Bekannter ihres Sohns auf der Straße erschossen worden sei, organisierte er ein Treffen von Anwohnern, die sich über die zunehmende Gewalt der Gangs Sorgen machten. Ein Polizeidirektor, der für das Viertel zuständig war, sollte einen Vortrag halten. Er sagte ab. Für ihn erschien ein Beamter für Öffentlichkeitsarbeit und hielt den Eltern vor, ihre Kinder zu selten zu bestrafen.

Obama hatte mehr Erfolg mit einer Kampagne zu Beratungs- und Betreuungsprogrammen für

Es war in Chicagos Trinity United Church of Christ, wo Obama (hier 2004 bei einem Gottesdienst) das erste Mal die Worte „Hoffnung wagen" hörte. Sie stammten von dem Geistlichen Jeremiah Wright Jr., der sie bei einer Predigt vor etwa zwanzig Jahren verwendete.

---

gefährdete Teenager in Schulen. Zudem ermutigte er die Bewohner der South Side, sich dafür einzusetzen, dass die Stadt ihr Versprechen, Asbest zu beseitigen, nicht nur in den besseren Vierteln einlöste. Kleine, von Obama und seinen Kollegen betreute Nachbarschaftsgruppen organisierten Straßenaufräumaktionen, Nachbarschaftswachen und drängten die Stadt mit Erfolg dazu, ihre sanitären Einrichtungen zu erneuern. Sie schafften es, dass die Parks gesäubert und die Grünflächen und Spielplätze in der South Side verbessert wurden.

Obamas Erfolge ließen viele Leute in Chicago aufhorchen. Er wurde zu Foren eingeladen und sollte Vorträge halten. „Lokalpolitiker kannten meinen Namen", schreibt er, „auch wenn sie ihn nicht aussprechen konnten."

Trotzdem schienen die Probleme, unter denen die Stadt litt, oft überwältigend zu sein. Nach drei immer wieder frustrierenden Jahren hatte Obama das Gefühl, gegen die eingefahrenen, nie hinterfragten Machtstrukturen in der Stadt wie gegen Windmühlen zu kämpfen. Ihm wurde klar, dass er als Sozialbetreuer mit seinem Arbeitsplatz an Straßenecken und in Kirchenkellern weitere zwanzig Jahre gegen dieselben Mauern aus Bürokratie, Korruption, Selbstherrlichkeit und totaler Gleichgültigkeit rennen würde. Um wirklich etwas zu bewegen, brauchte er Einfluss und Macht, wie sie die Anwälte und Politiker besaßen, die in Chicago die Fäden in der Hand hielten. Also bewarb er sich um einen Studienplatz für Jura, „um die Währung der Macht in all ihrer Komplexität und in allen Einzelheiten kennen zu lernen", wie er schreibt.

Ehe Obama Chicago mit dem Versprechen verließ, nach seinem Studium an der Harvard-Universität zurückzukehren, wohnte er einem mitreißenden

Gottesdienst in der Trinity United Church of Christ in der South Side bei. Die Gemeinde begleitete schwungvoll den Gospelchor. Ihre Stimmen schienen über den Klängen der Orgel zu schweben, und die Menschen wiegten sich zum Rhythmus des Schlagzeugs.

Die Predigt, die immer wieder von Rufen wie „Sag es!" und „So ist es!" unterbrochen wurde, handelte von den unzähligen Problemen und Nöten, die von den Anwesenden täglich gemeistert wurden – von nicht bezahlten Stromrechnungen über eheliche Misshandlungen bis hin zu abgebrochenen Schulausbildungen. Der Pfarrer Jeremiah Wright Jr. kannte den Feind, der allem zugrunde lag – die Verzweiflung – und auch sein Gegenmittel. Ohne dieses hätte es niemals einen Kämpfer der Bürgerrechtsbewegung gegeben, nie hätte ein Autor einen Stift in die Hand genommen, und niemand hätte sich jemals nach einer besseren Welt gesehnt. Seine Predigt hieß „Hoffnung wagen."

Obama vergaß sie nie.

Ehe er 1987 nach Boston zog, um dort Jura zu studieren, flog Obama für einen Monat nach Kenia. Seine Halbschwester Auma hatte ihm schon einiges Überraschende über ihren gemeinsamen Vater erzählt. So verriet sie ihm während eines Besuchs in Chicago, dass sie und ihr Bruder Roy geboren wurden, ehe Barack Senior 1959 in die Vereinigten Staaten zog. Als ihr Vater nach Kenia zurückkehrte – mit einer neuen Frau, einer Weißen namens Ruth – lebten sie zusammen mit ihrer Mutter in Kogelo. Auma und Roy folgten ihrem Vater nach Nairobi, wo er für eine amerikanische Ölfirma arbeitete. Ruth sollte ihm noch zwei Kinder gebären.

„Der Alte Mann", wie die afrikanischen Kinder ihren Vater nannten, bewohnte ein luxuriöses Haus in Nairobi, fuhr einen großen Wagen und genoss hohes Ansehen und viele Privilegien. Das alles verdankte er seinen einflussreichen Freunden in der Oberschicht der neuen, unabhängigen kenianischen Regierung. Nachdem er seine Arbeit bei der

Ölfirma für einen Posten als höherer Beamter im Tourismus-Ministerium niedergelegt hatte, kam es zu einem Streit zwischen ihm und Präsident Jomo Kenyatta. Auslöser waren Spannungen zwischen Kenyattas Stamm – den Kikuyu, der größte Stamm Kenias – und den Luo, denen der Alte Mann angehörte. Es dauerte nicht lange, ehe er seinen Posten verlor. Sein Name wurde auf eine schwarze Liste gesetzt. Von nun an waren die Türen aller Ministerien und Ämter für ihn geschlossen, und er musste sich mit einem unbedeutenden Arbeitsplatz in einer Wasserbehörde abgeben.

Sein sozialer Absturz und die Tatsache, dass ihn seine früheren Freunde auf einmal wie einen Aussätzigen behandelten, hinterließen ihre Spuren. Frustriert und wütend fing er zu trinken an. Er trank so oft und so viel, dass er begann, seine Wut an seiner Frau und seinen Kindern auszulassen. Ruth verließ ihn, während er fast ein ganzes Jahr im Krankenhaus verbrachte, um sich von einem Autounfall zu erholen, bei dem der andere Fahrer – ein weißer Farmer – umgekommen war. Es war nach diesem Krankenhausaufenthalt, dass Obamas Vater seinen zehnjährigen Sohn über Weihnachten in Hawaii besuchte.

Nach seiner Rückkehr verlor er auch seine Arbeit in der Wasserbehörde und sah sich gezwungen, mit seinen Kindern in ein verfallenes Haus in die Slums von Nairobi zu ziehen.

Später, nicht lange vor seinem Tod, verbesserte sich seine Lage wieder. Nach dem Tod Kenyattas erhielt er einen Regierungsposten im Finanzministerium und zeugte einen weiteren Sohn. Aber obwohl er seinen alten Charme wiedergefunden hatte, berichtete Auma, waren seine letzten Jahre von Bitterkeit und Reue geprägt.

Diese Schilderung seines Vaters, die mit allen Verklärungen durch Mutter und Großeltern radikal aufräumte, verunsicherte Obama zutiefst. „Es kam mir so vor, als ob meine Welt auf den Kopf gestellt worden wäre. Als ob ich aufgewacht wäre, und plötzlich war die Sonne blau und der Himmel gelb oder als ob Tiere auf einmal wie Menschen sprechen könnten."

Auma stellte ihm Dorsila vor, das jüngste Kind seines Ururgroßvaters.

Obama ist der Urururrurenkel des legendären Luo-Kriegers Owiny, dessen Armee neun Generationen vor den Weißen die Bantu schlug. Dorsilla zuckte erschreckt zusammen, als ihr Urenkel auf einmal ein Feuerzeug hervorholte und sich damit eine Zigarette anzündete.

„Sie möchte wissen, woher das Feuer kommt", erklärte Auma. „Sie meint, dass sich alles so schnell verändert, dass ihr schwindlig wird. Als sie das erste Mal Fernsehen sah, hielt sie die Leute in dem Kasten … für sehr unhöflich, weil sie ihr nicht antworteten, als sie mit ihnen sprach."

Sie saßen im Schatten eines Mangobaums vor dem Haus, das sein Vater für seine Großmutter

Während seines ersten Besuchs 1987 in Kenia erfuhr Obama von seiner Stiefgroßmutter (rechts), wie das Leben seines Vater ausgesehen hatte. Politische Differenzen zwischen ihm und dem ersten Präsidenten, Jomo Kenyatta, stürzten Obamas Vater in die Verzweiflung. Obamas älterer Bruder Malik (unten im Jahr 2004), der im Osten Kenias lebt, zeigt ein Foto von sich, seinem berühmten amerikanischen Bruder und einem Freund.

„Wenn es möglich ist – und ich weiß, dass es nicht immer geht –, ist es mein Bestreben, auch mit Leuten ins Gespräch zu kommen, die anderer Meinung sind."

BARACK OBAMA

gebaut hatte. Es war einstöckig, mit zerfallenen Mauern aus Zement, einem Dach aus Wellblech, umgeben von blühender Bougainvillea und gackernden Hennen, die den Boden nach Futter absuchten.

Sie befanden sich in Kogelo, wo die Menschen noch vor wenigen Generationen so gelebt hatten, wie ihre Vorfahren über Jahrhunderte – in Familiengemeinschaften, die mit ziegenledernen Lendenschürzen Mais anbauten und Ziegen hüteten. Hier hing auch das Promotionszeugnis seines Vaters von Harvard.

„Erst, wenn man sich auf etwas Größeres vorbereitet, als man sich zutraut, begreift man sein wahres Potential."

BARACK OBAMA

Dorsila, die nur Luo sprach, hörte gebannt Auma und Obamas „Granny" Sarah zu, wie diese Obama die Geschichte seiner Familie erzählten.

„Zuerst gab es Miwiru. Man weiß nicht, wer davor war. Miwiru zeugte Sigoma, Sigoma zeugte Owiny …" Es war, als ob Sarah die Schöpfungsgeschichte erzählen würde, bis sie nach dreizehn Generationen schließlich zu Obama, dem zukünftigen Senator der Vereinigten Staaten von Amerika, kam. „Als dein Großvater noch ein Junge war", fuhr sie fort, „hörten wir, dass der weiße Mann nach Kisumu gekommen sei. Es hieß, die Weißen hätten eine Haut so weich wie ein Baby, aber sie kamen mit Schiffen, die Lärm wie Donner machten. Man erzählte uns auch, dass sie Stöcke hätten, aus denen Feuer explodierte."

Verzaubert lauschte Obama ihren Worten – ganz so, wie es wohl auch seine Vorfahren getan hatten, als sie sich um das Feuer setzten und den Alten und Weisen oder den reisenden Musikern und Erzählern lauschten, die von „den großen Taten der Vergangenheit" berichteten.

Grannys Geschichten handelten nicht nur von heldenhaften Taten, sondern auch von den Veränderungen, welche die Briten durch ihre Herrschaft mit Gewehr und Steuern brachten und so die Traditionen der Luo in weniger als einer Generation zerstörten. Obamas Großvater war einer der Ersten, der die Gewohnheiten der Weißen annahm. Er tauschte den Lendenschurz gegen einen Anzug und Schuhe und lernte Englisch sprechen, lesen und schreiben, nur um nach einem Leben in Knechtschaft für seine Kolonialherren verbittert und als gebrochener Mann zu sterben.

Granny verriet Obama auch, dass der Vater, der ihn verlassen hatte, selbst als Neunjähriger verlassen worden war – und zwar von seiner Mutter. Als Teenager wurde Barack Senior von seinem Vater blutig geschlagen und aus dem Haus vertrieben, weil er angeblich zu aufsässig gewesen sei. Trotz seiner exzellenten Noten wurde er der Missionarsschule verwiesen. „Er schlich immer zu den Mädchen", meinte Granny. „Er konnte mit seinen Schmeicheleien den Mädchen den Kopf verdrehen." Als er dann als Mitglied der Unabhängigkeitsbewegung festgenommen und inhaftiert wurde, lehnte es sein Vater ab, eine Kaution für ihn zu hinterlegen.

Es dauerte nicht lange, ehe Barack Senior wieder frei kam. Doch bereits mit zwanzig rückten seine Träume und Ambitionen, studieren zu können, in weite Ferne. Statt zu helfen, ein neues Land aufzubauen, an das er fest glaubte, war er bereits verheiratet und hatte einen Sohn. Ein zweites Kind – Auma – war unterwegs. Um seine Familie zu ernähren, nahm er in Nairobi irgendeinen Job an. Die Hoffnung, die er stets gehegt hatte, an der Zukunft eines unabhängigen Kenias mitzuwirken, hatte sich in Luft aufgelöst. Stattdessen würde er in Armut leben müssen und wie sein Vater von Bitterkeit und Verzweiflung beherrscht werden.

Doch ein zufälliges Treffen mit zwei in Nairobi lebenden amerikanischen Pädagogen sollte seinem Leben eine andere Wendung geben. Sie freundeten sich an und – beeindruckt von seiner Intelligenz und seinem Charme – versprachen die beiden, ihm bei der Suche nach einem Universitätsplatz zu helfen. Allerdings musste er dazu erst einmal einen universitären Korrespondenz-Kurs absolvieren. Obamas Vater folgte ihrem Rat, schloss den Kurs erfolgreich ab und schrieb Dutzende von Bewerbungsbriefen an amerikanische Colleges und Universitäten.

Nachdem Granny ihre Geschichte zu Ende erzählt hatte, zeigte sie Obama mehr als dreißig Briefe, jeder mit einem Empfehlungsschreiben der zwei Amerikaner.

Diese Briefe waren wie „eine Flaschenpost", dachte Obama, als er später im Hinterhof seiner in Kogelo lebenden Großmutter vor dem unmarkierten Grab seines Vaters stand „Wie glücklich er sich gefühlt haben musste, als sein Schiff endlich doch kam! Als er das Aufnahmeschreiben von der Universität Hawaii in den Händen hielt, muss ihm klar geworden sein, dass er tatsächlich auserwählt war, dass er seinen Namen nicht umsonst trug, sondern wirklich *baraka* war, der von Gott Gesegnete."

Als er vor dem Grab seines Vaters stand, hatte er zum ersten Mal in seinem Leben das Gefühl, ihn zu verstehen – und ihm vergeben zu können. Sein Vater hat sich nicht der Verzweiflung hingegeben. Er hatte Hoffnung gewagt.

Ergriffen von dieser Erkenntnis vergoss er die ersten Tränen für ihn.

POLITISCHE LEHRJAHRE

„Unsere Partei hat einen Mann an ihrer Spitze, der das Beste verkörpert, was dieses Land zu bieten hat." Obama (ganz oben, und mit Michelle, oben) über John Kerry 2004 auf dem Kongress der Demokraten. Er hofft, dass man 2008 das Gleiche über ihn sagen wird.

4

Im Jahr 2004 wartete Obama in einem Hinterzimmer des Fleet Center in Boston darauf, die Hauptrede auf der Vollversammlung der Demokraten zu halten. Er war nervös und hatte guten Grund dazu. Nicht nur, weil ihm 17 Minuten ununterbrochene Hauptsendezeit auf allen drei großen Fernsehstationen und beim Kabel- und Satellitenfernsehen zugestanden wurden, die seine Rede in die Welt hinaustragen sollten.

Der völlig unbekannte Senator aus Illinois hatte John Kerry, den Präsidentschaftskandidaten seiner Partei, das erste Mal während einer Vorwahl in Illinois getroffen, als er bei einer Veranstaltung eine Rede hielt. Zu seiner Überraschung und Freude erfuhr er einige Wochen später, dass Kerry ihn gerne als Redner bei der Vollversammlung sehen würde. Als jedoch Kerrys Wahlkampfmanager anrief, um Obama mitzuteilen, dass er nicht bloß vor einem Parteiausschuss reden oder eines der hohen Tiere vorstellen sollte, sondern die Hauptrede halten durfte, war er fassungslos.

Dem Rest der Partei erging es nicht anders. Verschiedene Demokraten erinnerten sich an das Jahr 1988, als ein unbekannter Politiker namens Bill Clinton die Grundsatzrede hielt – die übrigens auch nicht besser aufgenommen wurde als die des demokratischen Präsidentschaftskandidaten Michael Dukakis in den darauf folgenden Wahlen.

Unter den Parteimitgliedern im Fleet Center gab es viele, die mit einem ganz anderen Hauptredner als einem unbedeutenden Senator aus dem mittleren Westen gerechnet hatten. Sie erwarteten jemanden vom gleichen Kaliber wie die Roosevelts oder Kennedys zur Blütezeit der Demokraten. Oder sogar Bill Clinton, dessen Redegewandtheit sie vier Jahre nach dem Debakel mit Dukakis wieder an die Macht gebracht hatte.

Auch David Axelrod, Obamas langjähriger Freund und Wahlkampfmanager, „war mit seinen Nerven am Ende", als die Stunde Null schlug. Obama versuchte ihn zu beruhigen. „Ich kann mich noch gut

daran erinnern, wie er mir auf die Schulter klopfte und meinte: ,Mach dir keine Sorgen'", erzählte Axelrod. „,Ich werde mich schon behaupten.'"

Als er dann jedoch allein mit seiner Frau Michelle im Green Room saß – sie hatte ihn als Anwältin 1988 im Jahr nach seinem Jurastudium in ihrer Kanzlei unter ihre Fittiche genommen –, gab er zu, dass ihm etwas mulmig zumute sei.

Obama berichtet von diesem Moment in *Hoffnung wagen:* „Sie umarmte mich, sah mir in die Augen und meinte: ,Verpfusche es bloß nicht, Kumpel!'"

Er hörte auf sie.

Mit einer geliehenen Krawatte stand er auf dem Podium und hielt eine Rede, die von Demokraten – und auch vielen Republikanern – noch heute als eine der besten politischen Grundsatzreden gelobt wird.

Begeisterte Jubelrufe ertönten in der Kongresshalle, als Obama von der „wahren Genialität Amerikas" sprach, von einer Nation, in der man „sagen darf, was man denkt und schreiben darf, was man denkt, ohne ein Klopfen an der Tür fürchten zu müssen … [wo] man am politischen Prozess teilnehmen darf, ohne sich vor Vergeltung fürchten zu müssen und [wo man weiß], dass jede Stimme bei den Wahlen gezählt wird – zumindest fast immer".

Als er von den Gefahren der heutigen Welt

„Wir haben eine Regierung, die meint, ihre Aufgabe wäre es, die Mächtigen vor den Machtlosen zu schützen", erklärte Obama (bei der Vollversammlung der Demokraten, links, und 2004 beim Wahlkampf für den Senat in Chicago, rechts und unten).

„Ich bin Demokrat, denn in dieser Partei glauben wir daran, gemeinsam an einem Strang zu ziehen."

BARACK OBAMA

sprach, in der „Krieg eine Option sein muss, aber nie die erste Option sein darf", gab es keinen Zweifel daran, wovon er sprach. Er erzählte von einem Marinesoldaten, der sich auf dem Weg in den Irak befand und darauf brannte, seinem Land zu dienen und vielleicht sogar dafür zu sterben. „Dieser junge Mann verkörpert all das, was wir von unseren eigenen Kinder erhoffen. Aber dann fragte ich mich: Dienen wir [ihm] so gut, wie er uns dient?"

Obama wühlte die Menge auf, als er über die Toten sprach, die der Krieg gefordert hatte – damals waren es 900, mittlerweile ist die Zahl auf 4000 angestiegen –, aber auch über die Verwundeten, die zwar wieder zu Hause waren, aber oft „ohne das eine oder andere Gliedmaß oder nervlich völlig am Ende".

Der Gedanke, dass alle in einem Boot sitzen, entwickelte sich zum Leitmotiv der Rede: „Es geht mich etwas an, wenn ein Kind in der South Side nicht lesen kann … Mein Leben verliert an Reichtum, wenn ein Rentner für ein Rezept in der Apotheke nicht das nötige Geld hat und zwischen Gesundheit oder Miete wählen muss … Meine Bürgerrechte werden eingeschränkt, wenn eine arabisch-amerikanische Familie aus ihrer Wohnung gezerrt und ihr kein Zugang zu einem Anwalt gewährt wird."

Vor allem jedoch war es seine Forderung, alle Bürger müssten sich zusammenfinden, um eine „vereinte amerikanische Familie" zu bilden, die am stärksten einschlug: „[Es] gibt kein liberales Amerika, kein konservatives Amerika … Es gibt kein schwarzes Amerika und kein weißes Amerika … Es gibt nur die Vereinigten Staaten von Amerika.

„Journalisten und Experten teilen unser Land in rote und blaue Staaten auf … In den blauen Staaten sind wir gottesfürchtig, und in den roten mögen wir es nicht, wenn Agenten in unseren Bibliotheken herumschnüffeln. In den blauen Staaten trainieren wir Baseballteams, und in den roten haben wir homosexuelle Freunde."

Er schloss mit dem Appell, dass „ein Licht am Ende dieser lang andauernden, politischen Dunkelheit auf uns wartet". Die Rede wurde mit tosendem Beifall aufgenommen. Begeisterte Journalisten berichteten von Obamas „hypnotisierendem" und „überwältigendem" Auftritt. Das *Time*-Magazin sprach von „einer der besten Reden, seitdem es Vollversammlungen gibt" und sogar der konservative *National Review* war der Ansicht, dass die „einfache, aber schlagkräftige" Rede „den stürmischen Beifall", den sie erhalten hatte, voll verdient habe.

Diese Welle aus Begeisterung und Popularität bescherte Obama noch einen anderen Sieg: Er wurde in den Senat der Vereinigten Staaten gewählt und das zu einer Zeit, als die Demokraten sowohl die Präsidentschaftswahlen als auch Mandate in beiden Häusern verloren.

So wurde Amerikas neuer Stern am Polithimmel geboren.

Obama war es gewohnt, dass seine Auftritte Wellen schlugen. 1990 wurde er zum ersten Mal in den amerikanischen Nachrichten erwähnt. Damals war er zum Präsidenten des Law Review, dem renommierten Journal der Harvard Law School, gewählt worden – der erste Schwarze, dem diese Ehre zuteil wurde. Das folgende öffentliche Interesse brachte ihm Anrufe von Verlagen aus New York, die ihm vorschlugen, doch seine Memoiren zu schreiben – ein aufregender Vorschlag für einen nicht mal 30-jährigen Studenten.

Seine Studienkollegen waren von seiner Bescheidenheit trotz des allgemeinen Trubels um seine Person beeindruckt. „Er spielte nie den großen Mann, der er in Wirklichkeit doch eigentlich war", meinte Hill Harper, ein ehemaliger Kommilitone aus Harvard, der sich für die Schauspielkarriere entschied *(CSI: New York)*. Laurence Tribe, Obamas Professor für Verfassungsrecht, der im Jahr 2000 Al Gore wegen George W. Bushs umstrittenen Wahlsiegs vor dem Obersten Gerichtshof vertrat, machte Obama zu seinem Assistenten. Später äußerte er sich über ihn „als einen von zwei der talentiertesten Studenten, die ich im Laufe meiner 37-jährigen Karriere als Lehrer unterrichten durfte".

„Nach Harvard standen Obama so ziemlich alle Türen offen. Jeder hätte ihn mit Handkuss genommen", erzählt David Axelrod. „Selbst die renommiertesten Kanzleien hätten sich die Finger

---

Obama wurde am 5. Februar 1999 zum Präsidenten des *Harvard Law Review* gewählt – hier am Tag der Wahl im Büro.

nach ihm abgeleckt." Für einen Jurastudenten mit Ehrgeiz war allerdings ein Referendariat am amerikanischen Berufungsgericht noch verlockender, da man sich mit einer solchen Stelle auf der Überholspur zum Obersten Gerichtshof befand. Aber als Abner Mikva, der Präsident des Berufungsgerichts, versuchte, Obama für einen solchen Posten zu gewinnen, lehnte dieser dankend ab.

Ehe er 1991 sein Jurastudium mit *magna cum laude* abschloss, hatten bereits Headhunter von den großen Firmen der Wall Street und anderen Konzernen des Landes ihr Auge auf ihn geworfen. Dann las der Chicagoer Bürgerrechtsanwalt Judd Miner einen Zeitungsartikel, in dem es fälschlicherweise hieß, Obama spiele mit dem Gedanken, einer alteingesessenen Kanzlei in Chicago beizutreten.

Miner entschloss sich kurzerhand, den *Law Review* anzurufen. Die Sekretärin erklärte ihm, dass Obama gerade nicht im Hause sei. Dann fragte sie, ob er Obama eine Stelle anbieten wolle.

„Ich sagte ‚Wahrscheinlich schon'", erinnerte sich Miner Jahre später. „Daraufhin meinte sie, dass

„Barack ist der amerikanische Traum … Er ist zweifelsohne das Beste, was dieses Land zu bieten hat – und das erfüllt die Demokratische Partei mit großem Stolz."

TERRY MCAULIFFE, EHEMALIGER VORSITZENDER DES *DEMOCRATIC NATIONAL COMMITTEE*

sie mich auf die Liste setzen werde und ich Nummer 643 oder so sei.'

Obama lehnte alle besser bezahlten Stellen ab und nahm zur Freude Miners und seiner Partner den Posten bei Miner, Barnhill & Galland an, wo er für die Diskriminierungsfälle zuständig war. „Es gibt nicht viele talentierte Leute. Und wenn sie Talent haben, dann sind sie oft unausstehlich", meinte einer der Partner in einem Interview mit dem *Time*-Magazin, nachdem Obama die Kündigung eingereicht hatte, um sich für den U.S.-Senat zur Wahl zu stellen. „Aber Barack", beteuerte er, „bildet da eine große Ausnahme."

Zwischen seinen Fällen arbeitete Obama an seinen Memoiren. 1992 leitete er ein Illinois weites Projekt mit dem Namen VOTE, wodurch sich 150.000 neue Wähler registrierten. Als Bill Clinton im selben Jahr in Illinois siegte, wurde das u. a. auf Obamas Initiative zurückgeführt.

Außerdem fand er noch Zeit, um bis zum Januar 2004 Verfassungsrecht an der Law School der Universität von Chicago zu unterrichten; sein Wahlkampf für den amerikanischen Senat lief bereits seit einem Jahr. „Unterrichten hält auf Trab", erklärte er dem *New Yorker* im gleichen Jahr. „Verfassungsrecht ist interessant, weil man sich mit den ganzen schwierigen Fragen auseinander setzen muss – mit Abtreibung, Homosexuellenehen oder Förderungsmaßnahmen. Und man muss in der Lage sein, beide Seiten vertreten zu können. Ich muss die Argumente meines Kontrahenten genauso gut kennen wie [der konservative Richter am Obersten Gerichtshof, Antonin] Scalia. Ich finde, so etwas tut dem eigenen Politikverständnis sehr gut."

Als sich Obama dazu entschloss, selbst Gesetze machen zu wollen, anstatt sich nur akademisch mit ihnen zu beschäftigen, fasste er das unbesetzte Mandat für den Senat von Illinois ins Auge, das sowohl die Universitätsgegend um Hyde Park, wo er wohnte, als auch einige der ärmsten Gegenden von Chicago umschloss. Ehe er jedoch kandidierte, musste er das mit seiner Frau Michelle abstimmen, einer geradlinigen Anwältin, die der Politik misstrauisch gegenüber stand.

„Ich sagte ,Ich habe dich geheiratet, weil du gut aussiehst und klug bist, aber das ist das Dümmste, was du mich je gefragt hast'", erinnerte sie sich später in einem Interview. „Zum Glück ist Barack nicht so zynisch wie ich."

Michelle ist groß, intelligent und attraktiv. Sie kam 1964 zur Welt und wuchs einen halben Kontinent und einen Ozean von Obamas Indonesien und Honolulu entfernt auf. „Er hatte diesen Mix, diese internationale Kindheit, während ich ganz und gar aus Chicago war", erzählte Michelle 2004 dem *New Yorker*. Sie stammt aus einer großen Familie in einem Viertel der South Side, wo hauptsächlich schwarze Arbeiter lebten. „Meine Großmutter wohnte fünf Blöcke entfernt. Barack nannte es *Ozzie und Harriet*", meinte sie (nach einer beliebten Sitcom).

„Ich war ein typisch schwarzes Mädchen von der South Side", meinte sie. Ihre Schulnoten waren jedoch so gut, dass sie in Princeton studieren konnte, wo sich ihr älterer Bruder bereits zum Basketballstar entwickelte. „Natürlich war es etwas anderes, dort schwarz zu sein", erzählte sie dem *New Yorker*. „Es war auch etwas anderes, dort nicht stinkreich zu sein."

Nachdem Michelle Princeton mit einem *cum laude* abgeschlossen hatte, ging auch sie auf die Harvard Law School.

Sie lernte Obama jedoch erst kennen, als er im Sommer ein Referendariat in der großen Chicagoer Kanzlei absolvierte, in der auch sie arbeitete. Genau wie Obama fühlte auch sie sich nicht in den Vorstandsetagen großer Firmen wohl. Michelle reichte

Obama (oben 1991 beim Überreichen seines Diploms) begann im ersten Sommer, nachdem er an der Law School (links unten) angefangen hatte, mit Michelle Robinson auszugehen, die als Anwältin in einer Kanzlei in Chicago arbeitete, wo er sein Referendariat machte.

nach einer Weile ihre Kündigung ein, um ein gemeinnütziges Aufbauprogramm für Führungskompetenz zu organisieren, ehe sie im Krankenhaus der Chicagoer Universität eine Stelle annahm. Heute ist sie dort Vizepräsidentin für die Öffentlichkeitsarbeit. Die beiden heirateten 1992 in der Trinity United Church of Christ, die sie seitdem besuchen. Getraut wurden sie von Pfarrer Jeremiah A. Wright, jenem Priester, dessen Andacht „Hoffnung wagen" einen so starken Eindruck bei Obama hinterlassen hatte. Michelles Familie und der Großteil der seinen – einschließlich seiner Mutter und seinen Halbschwestern Maya und Auma – nahmen am Gottesdienst teil. „Unsere Familien verstehen sich großartig", erklärte Michelle dem *New Yorker*. Schließlich seien beide „aus dem mittleren Westen. Trotz aller Internationalität ist er durch seine Großeltern und seine Mutter ein Mann aus Kansas."

Nachdem sich Obama der Unterstützung seiner etwas skeptischen Frau sicher war und ihn seine Freunde, die Kollegen an der Universität und verschiedene Bekannte, mit denen er als Bürgerrechtsanwalt in Kontakt gekommen war, ermutigt hatten,

Obama mit seiner Frau Michelle am Tag ihrer Hochzeit. Seine Mutter Ann – hier zusammen mit dem Brautpaar und Michelles Mutter Marian bei der Hochzeit 1992 (rechts) – starb drei Jahre später an Krebs. Obama hat *Hoffnung wagen* seiner Mutter gewidmet, „deren liebender Geist mich noch immer trägt".

den Schritt zu wagen, fällte er 1996 seine Entscheidung. Im Alter von 35 kandidierte er für das Mandat des Bezirks South Side im Senat von Illinois. Dort hatte er vor zehn Jahren als Sozialbetreuer gearbeitet. Er machte genau das, was jeder neue Kandidat macht: „Ich redete mit jedem, der ein Ohr für mich hatte", erinnert er sich in *Hoffnung wagen*. „Ich ging zu Nachbarschaftsversammlungen, Kirchenveranstaltungen, zu Damen- und Herrenfriseuren. Wenn zwei Leute an einer Straßenecke standen, ging ich zu ihnen, um ihnen einen Wahlzettel in die Hand zu drücken."

Die Methode hatte sich nicht wesentlich geändert, seitdem sich ein anderer Anwalt aus Illinois – nämlich Abraham Lincoln – das erste Mal zur Wahl gestellt hatte. Sie zahlte sich 1997 für Obama aus. Er gewann die Wahl und fand sich in Springfield wieder, der Landeshauptstadt, in der auch Lincoln seine politische Karriere begonnen hatte und von wo aus er zehn Jahre später seine Kandidatur für das höchste Amt des Landes bekannt geben sollte.

Ähnlich wie Washington im Jahr 2005 hatte auch Springfield im Jahr 1996 eine demokratische Minderheitsregierung, die von einem republikanischen Vorsitzenden geführt wurde. „Die Demokraten in Springfield", schreibt Obama, „schrien, brüllten und wetterten, nur um dann hilflos zusehen zu müssen, wie die Republikaner ungeheure Steuererleichterungen für Konzerne absegneten, die im Grunde von den Arbeitern bezahlt wurden, oder soziale Leistungen kürzten."

In einer aufschlussreiche Szene in seinem Buch erinnert sich Obama an eine Debatte, in der sich ein republikanischer Senator über den Vorschlag, Kinder in Kindergärten mit Frühstück zu versorgen,

„in Rage redete, weil die Kinder so nie Eigenständigkeit lernen würden.

„Ich musste ihn darauf hinweisen", schreibt Obama, „dass ich nicht allzu viele Fünfjährige kennen würde, die eigenständig waren, aber dass Kinder, die in den prägendsten Jahren zu hungrig sind, um zu lernen, höchstwahrscheinlich den Rest ihres Lebens auf den Staat angewiesen seien." Der Gesetzesentwurf wurde anfangs abgelehnt (eine modifizierte Version allerdings später abgesegnet), und „die Vorschulkinder von Illinois entkamen so noch einmal der lähmenden Wirkung von Müsli und Milch".

Doch es war nicht Obamas Stil, gegen seine Kontrahenten zu sticheln, als er dem Senat beitrat. Stattdessen arbeitete er mit Kollegen aus beiden Parteien zusammen, knüpfte Freundschaften über einem Bier oder einer Runde Poker mit Mitgliedern beider Parteien – „Ich bezahle für die Bildung sei-

„Wagen Sie es, gemeinsam mit mir wieder zu glauben."

BARACK OBAMA

ner Kinder", stöhnte zum Beispiel ein pokernder Demokrat. Auf diese Weise gewann Obama fast überall Ansehen und Respekt. „Als er zuerst nach Springfield kam, warfen ihm viele sein gutes Aussehen, seine rhetorischen Fähigkeiten und seinen Verstand vor", verriet der republikanische Senator Kirk Dillard dem Magazin *Washingtonian*. Aber Obama beeindruckte durch seine strikte Arbeitsmoral und seine Entschlossenheit, mit der er alles anpackte. „Er ist bei jeder Versammlung, die ihn etwas angeht", erklärte Dillard. „Wenn Barack Feinde hat, dann nur aus Neid. Ich glaube nicht, dass er aus irgendeinem triftigen Grund Feinde hat."

„Vom ersten Tag an, als er den Senatssaal betrat, wusste ich, dass er weit kommen würde", berichtete

ein weiterer Republikaner dem *New Yorker.* „Er steht links von mir, wenn es um Waffenbesitz oder Abtreibung geht. Aber man kann auch als Republikaner sehr gut mit ihm zusammenarbeiten."

Nicht alle von Obamas Vorschlägen wurden begeistert aufgenommen. So wollte er in seiner ersten Amtszeit die Verfassung von Illinois ändern, um das Recht auf medizinische Versorgung für alle aufzunehmen – eine Idee, die keine Anhänger fand. Hingegen schaffte er es, die republikanischen Steuererleichterungen so weit zu ergänzen, dass auch schlechter verdienende Familien davon

profitierten. Geschickt schleuste er eine Reformierung des Wahlkampffinanzierungsgesetzes durch den Senat und brachte Gesetze für eine verstärkte Frühförderung von Kindern durch sowie solche, die es erschwerten, ärmeren Leuten Hypotheken zu Wucherzinsen zu verkaufen. „Es ist erstaunlich, dass ein Neuling, der noch dazu alles reformieren will, so viel geschafft hat", meinte Abner Mikva, jener Richter am Bundesberufungsgericht, der versucht hatte, Obama eine Stelle anzubieten, gegenüber dem *Washingtonian.* „Er hat viele Freunde gewonnen."

Während seiner ersten sechs bis acht Jahre als Senator befanden sich die Demokraten in der Minderheit. Obama erzählte dem *Harper's Magazine:* „Ich verabschiedete vielleicht zehn Gesetzesentwürfe

„Als man mir sagte, ich würde die Wahl in den Senat nie gewinnen", meinte Obama, „glaubte ich kein Wort." Hier bei einem Treffen mit Wahlhelfern – Mitte; beim Telefonieren in einem Hotelzimmer – unten rechts; sowie bei seiner Siegesfeier mit Michelle und Töchtern, als er zum Senator gewählt worden war – links.

„Ich glaube, dass sich die Menschen momentan vor allem nach Glaubwürdigkeit in der Politik sehnen."

BARACK OBAMA

„Wenn Sie ein Investmentbanker wären, würde es sich auf jeden Fall lohnen, in das Produkt Barack Obama zu investieren ... Er stellt eine solide Investition in die Zukunft der amerikanischen Politik dar."

SENATOR DICK DURBIN

... Die meisten kamen in Zusammenarbeit mit den Republikanern zustande. Im ersten Jahr unserer Mehrheit waren es dann 26."

Viele davon kamen aus dem Komitee für Gesundheitswesen und Sozialleistungen, dessen Vorsitz er inne hatte, sobald die Demokraten die Kontrolle über den Senat gewannen. Obamas innovativster, umstrittenster und politisch beeindruckendster Erfolg war jedoch sein Gesetzesentwurf von 2003, der besagt, dass in Illinois alle Polizeiverhöre zu Kapitalverbrechen mit der Videokamera aufgenommen werden müssen.

Obwohl Obama davon überzeugt ist, dass die Todesstrafe als Abschreckungsmaßnahme nutzlos ist, glaubt er, dass „es Verbrechen gibt – wie Massenmord, Vergewaltigung und Kindsmord –, die so abscheulich sind, so jenseits aller Vorstellungskraft, dass die Gesellschaft ein Recht darauf hat, das volle Ausmaß ihrer Abscheu durch die höchste Strafe zum Ausdruck zu bringen".

Allerdings kam es damals in Illinois bei vielen Fällen von Kapitalverbrechen zu „gravierenden Fehlern, fragwürdigen Vorgehensweisen der Polizei, rassistisch motivierter Befangenheit und dilettantischer Rechtsberatung", so dass dreizehn zu Unrecht verurteilte Gefangene, die im Todestrakt auf ihre Hinrichtung warteten, freigesprochen wurden. Dem Gouverneur blieb nichts anderes übrig, als fürs Erste die Todesstrafen zu stoppen.

Trotz des dringenden Reformbedarfs stand Obama mit seinem Gesetzesentwurf allein auf weiter Flur. Sowohl Polizei als auch Staatsanwaltschaft waren dagegen, ebenso wie der gerade gewählte demokratische Gouverneur und die neuen Senatoren beider Parteien, die befürchteten, sonst als „schwach" abgestempelt zu werden. Sogar die Gegner der Todesstrafe misstrauten einer Reform und verlangten weiterhin die totale Abschaffung.

Während der nächsten Wochen traf sich Obama mit allen Gruppen, die sich gegen das Gesetz stellten. Statt über die moralische Seite der Todesstrafe zu diskutieren, schaffte er es, alle so weit zu einer Übereinstimmung zu bringen, „dass grundsätzlich niemand unschuldig im Todestrakt enden sollte, aber auch dass niemand, der sich eines Kapitalverbrechens schuldig gemacht hat, auf freiem Fuß bleiben darf". Er überzeugte sowohl die Polizei als auch die Staatsanwaltschaft, dass Videoaufnahmen von Verhören „ausschlaggebend" sein können, „um die Schuldigen hinter Gitter zu bringen", wie er später dem Magazin *Time* berichtete. Zudem würden so auch Unschuldige besser geschützt sein. Obama und seine Befürworter waren willig, ihren Vorschlag etwas zu modifizieren, als die Polizei erklärte, dadurch würden ihre Ermittlungen behindert. Aber er lehnte ab, als sie vorschlugen, nur die Geständnisse und nicht das ganze Verhör zu filmen, denn „Ziel dieses Gesetzes war es, dass die Öffentlichkeit wieder glauben konnte, Geständnisse kommen ohne Nötigung zustande". Schließlich wurde das Gesetz einstimmig verabschiedet.

„Ein guter Kompromiss, ein gutes Gesetz ähnelt einem guten Satz. Oder guter Musik", erklärte Obama dem *New Yorker* im Jahr darauf. „Jedermann sieht es und sagt: ‚Toll, es hat funktioniert. Es macht Sinn.' Das passiert zwar [in der Politik] nicht allzu oft, aber es passiert."

Nach der kolossalen Zwei-zu-Eins-Niederlage, die er im Jahr 2000 bei den Vorwahlen um den Sitz im Kongress gegen Bobby Rush erlitten hatte, fragte ein Journalist aus Chicago im Fernsehen: „Ist es jetzt aus mit Obama?"

Im Jahr darauf, als Osama bin Laden seine Todesschwadronen auf Kamikaze-Mission nach Amerika schickte, schien es ganz so, als ob der Journalist seine Antwort erhalten hätte. „Damals waren sich die meisten darin einig", erinnert sich David Axelrod, „dass jemand, der Barack Obama heißt, drei Jahre nach 9/11 einfach nicht wählbar ist".

Und trotzdem: Als der republikanische U.S.-Senator Peter Fitzgerald seinen Rücktritt ankündigte und sich der demokratische Anwärter Jesse Jackson Jr. – ein populärer Kongressabgeordneter aus Illinois und Freund Obamas (Jacksons Schwester Santita war Brautjungfer bei Obamas Hochzeit) – gegen eine Kandidatur entschied, verkündete Obama im Januar 2003 die seine für den U.S.-Senat.

Wie schon sieben Jahre zuvor, als er sein erstes öffentliches Amt bekleiden wollte, fragte er zuerst seine Frau, ob die „etwas irrsinnige Idee" für sie akzeptabel sei. Er bezeichnet Michelle als eine der zwei „höheren Mächte", deren Rat er sucht, wenn er eine wichtige Entscheidung treffen muss. Die beiden lebten gemeinsam mit ihren Töchtern (Malia wurde 1999 und Sasha 2001 geboren) in einer bescheidenen Eigentumswohnung in Hyde Park. Obwohl beide verdienten, konnte man nicht behaupten, dass sie in Geld schwammen. Michelle war sich den Anforderungen eines Wahlkampfs

bewusst – wie oft ihr Mann fort sein würde, wie wenig Zeit er für seine Töchter hätte. Als arbeitende Mutter auch noch „die Haupterziehende von zwei neugierigen Mädchen sein zu wollen, ist verrückt", erklärte sie dem *New Yorker*. „So etwas ist nicht realistisch."

Sie war sehr skeptisch, was Obamas Beteuerungen betraf, alles würde bestimmt gut funktionieren. „Ich erklärte ihr meinen Plan", verriet er dem *Washingtonian*. „Zuerst wollte ich die Vor- und dann die Hauptwahlen gewinnen und danach ein Buch schreiben."

„Sie werden ein sehr glaubwürdiger Präsidentschaftskandidat."

ERZBISCHOF DESMOND TUTU ZU OBAMA

Auch wenn sich das unwahrscheinlich anhörte, stimmte Michelle doch zu. Allerdings meinte sie: „Mit meiner Stimme kannst du nicht ohne Weiteres rechnen."

Weder mit der ihren noch irgendeiner anderen war sicher zu rechnen. „Um ehrlich zu sein", erinnert sich der Kongressabgeordnete für Alabama, Artur Davis, „waren viele Leute der Meinung, dass man den U.S.-Senat vergessen kann, wenn man es noch nicht einmal ins Repräsentantenhaus geschafft hat."

Obama war einer von sieben demokratischen Kandidaten für diesen Sitz. Unter seinen Gegenanwärtern befand sich u. a. der Präsident des Rechnungshofes von Illinois, der die Unterstützung der Chicagoer Demokraten hinter sich wusste sowie

„Ich habe ein Leben mit einem absurden Terminplan gewählt", schreibt Obama, dessen lange Wochenenden zu Hause als Senator seit seiner Präsidentschaftskandidatur selten geworden sind. Hier 2006 beim Abwasch nach dem Frühstück, ehe Malia (links) und Sasha zur Schule müssen.

Obama im Oktober 2006 mit seiner Tochter Malia beim Verlassen des Hauses in Hyde Park – einem wohlhabenden Viertel von Chicagos South Side – auf dem Weg zur Schule.

mächtige Gewerkschaften und reiche Geschäftsleute. Er verfügte über ein Wahlkampfbudget von 29 Millionen Dollar. Obama hatte keine Organisation im Rücken, sondern nur ein winziges Büro mit vier unerfahrenen Angestellten, einige interessierte Geldgeber und keinerlei Unterstützung durch die Partei.

Er fuhr allein ins Landesinnere und vertraute auf die Hilfsbereitschaft von Bekannten und Freunden von Freunden, die ihre Nachbarn einluden, damit er mit ihnen bei einem Kaffee sprechen konnte. Sobald er genug Leute zusammengetrommelt hatte, um einen Kirchenkeller oder einen Rotarierclub zu füllen, musste er immer als Erstes erklären, dass sein Vater aus Kenia stamme – „daher mein Name" – und seine Mutter aus Kansas – „daher meine Art des Sprechens".

Als er bei der St. Patrick's Day-Parade in Chicago mit marschierte – ein absolutes Muss für jeden Politiker aus Illinois – bildete er mit seiner Gruppe aus Freiwilligen, die aus zehn Leuten bestand, das Schlusslicht. Nur die Müllwägen kamen noch hinter ihnen.

Die meisten Wahlbeobachter waren sich sicher, dass Obama nicht lange durchhalten, sondern wie der Müll bei der Parade beiseite gekehrt werden würde. Vielleicht würde er seinen eigenen Bezirk behaupten und sogar einige andere, hauptsächlich von Schwarzen bewohnte Viertel hinzugewinnen. Aber die wenigsten gaben ihm nur den Hauch einer Chance in Chicagos reicheren Vorstädten oder in den kleinen Orten im Landesinneren, wo – wie ein Journalist des *New York Magazine* gewitzt meinte, wenn auch ungerechtfertigt, wie sich herausstellte – „die typische Reaktion auf jemand mit anderer Hautfarbe" sei, „das Fenster hochzukurbeln".

Aber die Etablierten hatten nicht mit Obamas Anziehungskraft gerechnet. Gerade in den Vorstädten und bei den Farmern im Süden von Illinois, wo er einen energischen Wahlkampf bestritt und zuerst noch mit den Bauern, Arbeitern, Ladenbesitzern und Lehrern bei einem Kaffee zusammen gesessen hatte, gab es immer mehr, die er in seinen Bann zog. Auch die weißen Vorstädte waren nicht immun gegen das Obama-Fieber. „Wenn ich vor 20 Jahren erklärt hätte, eines Tages würden Wahlschilder mit dem Bild eines Afroamerikaners mit afrikanischem Namen in den Vorgärten meines Bezirks im Nordwesten Chicagos aufgestellt, hätte man mich auf Drogen untersucht", meinte Rahm Emanuel gegenüber dem *New Yorker,* ein ehemaliger Clinton-Berater, der mittlerweile Kongressabgeordneter von Illinois ist. „Aber da waren sie auf einmal."

„Barack hat etwas, das nicht jeder hat", bestätigte ein Installateur aus dem Süden von Illinois. „Er vermittelt einem das Gefühl, dass er führen kann und nicht nur ein Politiker ist."

„Ich kenne diese Menschen", erklärte Obama, als er mit einem Journalisten des *New Yorker* durch Illinois fuhr. „Das sind meine Großeltern. Das Essen, das dort auf den Tisch kommt, wurde mir von meinen Großeltern aufgetischt. Ihre Angewohnheiten, ihre Empfindsamkeiten, ihr Sinn für Recht und Unrecht – mit all dem bin ich vertraut."

Die Bevölkerung akzeptierte ihn, und er konnte mit 53 % der Stimmen die Vorwahl für sich verbuchen – allerdings nicht ehe herauskam, dass die Ex-Frau des als Favoriten gehandelten Millionärs eine einstweilige Verfügung gegen ihren Mann erwirkt hatte, weil er sie schlug. Nun musste sich Obama für die Hauptwahl seinem Gegner von den Republikaner, Jack Ryan, stellen. Dessen Partei hielt große Stücke auf ihn. „Ein Meter neunzig groß und so attraktiv, dass er in Hollywood hätte Karriere machen können … [Ryan] hält sich moralisch und körperlich fit, indem er jeden Morgen zur Andacht und ins Fitness-Studio geht", schwärmte der konservative Kolumnenschreiber George Will.

Ob er nun der Hoffnungsträger der konservativen Weißen war oder nicht – Ryan lag jedenfalls 16 % hinter Obama. Er engagierte daraufhin den konservativen Scott Howell, der auf Angriffe spezialisiert war und durch seine Schmierkampagne gegen Max Cleland, den U.S.-Senator für Georgia,

berüchtigt wurde. Cleland, der im Vietnamkrieg beide Beine verloren hatte, sei laut Howell unpatriotisch und für die Sicherheit der Vereinigten Staaten genauso gefährlich wie Osama bin Laden.

Doch Howells Taktik ging diesmal nach hinten los, als einer seiner Mitarbeiter anfing, Obama mit einer Videokamera überallhin zu folgen. Laut der *Associated Press* stand er „einen halben Meter vor ihm und bombardierte ihn mit Fragen". Sogar Republikaner waren empört. „Jeder weiß, dass die Politik ein Sport mit Vollkontakt ist", meinte Obama gelassen. Aber er gab auch zu, dass ihn eine solche Verletzung der Privatsphäre störte, insbesondere, als der Kameramann filmte, wie Obama mit seiner Familie am Handy telefonierte. Dennoch wusste Obama auch diese Konfrontation zu seinem Vorteil zu nutzen. „Politik der verbrannten Erde", bezeichnete er diese Vorgehensweise. „Genau die Art von Politik, die ich ändern möchte."

„Ich bin mir nicht sicher, ob jemand wirklich bereit ist, Präsident zu werden, bis er Präsident ist."

BARACK OBAMA

Ryans Kampagne schoss sich selbst ins Aus. Ihm blieb keine andere Möglichkeit, als sich vom Wahlkampf zurückzuziehen, als die Boulevardpresse Einblicke in die Scheidungspapiere seiner Frau erhielt, der Schauspielerin Jeri Ryan aus der Serie *Boston Public.* Sie behauptete, der fromme Held der Republikaner hätte sie in diverse Sexclubs mitgenommen und versucht, öffentlich Sex mit ihr zu haben.

Als sich die Wogen des Skandals glätteten, lieferten verzweifelte Republikaner einen Ersatzmann aus Maryland, den streng konservativen ehemaligen Präsidentschaftskandidat Alan Keyes. Sie nahmen

„Brauche Ticket. Zahle bis zu $75."

SCHILD BEI EINER OBAMA-VERANSTALTUNG

an, dass es nur ein schwarzer Kandidat mit Obama aufnehmen könnte. („Wissen Sie eigentlich, dass wir etwas gemeinsam haben?", meinte George W. Bush, als er Obama im folgenden Januar traf. „Wir mussten beide gegen Alan Keyes antreten. Der Kerl ist ganz schön anstrengend, nicht wahr?")

Tatsächlich schreckte Keyes' Geschimpfe bei Wahlreden die Wähler eher ab. „Seine Behauptungen, Jesus Christus würde Obama nicht wählen und alle Homosexuellen seien Sünder", meinte ein Wahlstratege, der Keyes' typische Argumente zusammenfasste, „liegen jenseits der Schmerzgrenze."

Keyes war bereits vor Obamas Grundsatzrede vor der Vollversammlung ziemlich ins Straucheln

gekommen. Doch danach hörte er völlig auf, sich zu bewegen. „Ich hätte nicht gedacht, dass die Rede einen solchen Anklang finden würde", meinte Obama später in einem Interview mit *Ebony*. „Eigentlich wollte ich nur das in Worte fassen, was ich während meines Wahlkampfs gehört hatte – die Hoffnungen, Ängste und Anstrengungen, den der normale Wähler jeden Tag wieder von Neuem gegenübersteht. Die Leute erkannten sich in meiner Rede wieder, und ich glaube, das war es, was sie ansprach."

Danach war der Wahlkampf so gut wie gewonnen. Jetzt musste nur noch abgestimmt werden. Mit Keyes hoffnungslos abgeschlagen und Obama so gut wie gewählt, nutzte er nun einen Großteil seiner Zeit und seines neu erlangten Ruhms – also seines politischen Kapitals –, um die Kampagnen anderer Demokraten zu unterstützen.

Am Wahltag gewann er schließlich mit überwältigenden 70 % der Stimmen und konnte eine relative Stimmenmehrheit in ganz Illinois verbuchen.

Als sich daraufhin die zweite Auflage seiner Memoiren auf dem Weg in die Bestsellerlisten befand, wurde ihm ein Vorschuss von 1,9 Millionen Dollar für drei weitere Bücher gegeben. Nun war er frei von finanziellen Sorgen. Er bezahlte sein Studiendarlehen zurück und erwarb ein Haus für 1,6 Millionen Dollar in Hyde Park.

Als er und seine Frau im Januar 2005 in einem Hotel in Washington eintrafen, wo die Vereidigung Obamas in den U.S.-Senat bevorstand, erinnerte sich Michelle an seinen Plan, zuerst die Vor- und die Hauptwahlen zu gewinnen und dann ein Buch zu schreiben.

„Wir kamen aus dem Aufzug", erzählte Obama dem *Washingtonian*, „und sie sah mich an und meinte: ‚Ich kann es einfach nicht glauben, dass du das durchgezogen hast.'"

„Wissen Sie, ich will ein richtig guter Präsident werden … Denn es gibt so viele durchschnittliche oder schlechte Präsidenten."

BARACK OBAMA

Nachdem Obama im Januar 2005 in den U.S.-Senat eingeschworen worden war, trafen er und seine Familie Vizepräsident Dick Cheney (oben links). Seine Tochter Malia schüttelte Cheney die Hand, während Sasha mit ihm abklatschte. Justin Warfels Taktik (hier mit Obama, rechts), jeden Schritt während der Senatorenwahlen 2004 mit einer Videokamera zu überwachen, wurde in den Nachrichten als „neues Tief in der amerikanischen Politik" bezeichnet. Obamas Gegner entschuldigte sich, und Obama (hier auf seine Rede in einer Kirche in Illinois wartend – oben) konnte seinen Wahlkampf ungestört fortführen.

IN BEWEGUNG

Senator Barack Obama, der neue Star der Demokraten, wurde 2006 von Kollegen im ganzen Land gebeten, ihre Wahlkreise zu besuchen und sie beim Wahlkampf zu unterstützen. Der umgängliche Obama reiste kreuz und quer durchs Land und bewies dadurch eine große Zuverlässigkeit, die ihm sicher auch im bevorstehenden Wahlkampf zugute kommen wird.

Im Uhrzeigersinn: Obama in Missouri mit Senatskandidatin Claire McCaskill; in Iowa mit Senator Tom Harkin; in Ohio mit Gouverneursanwärter Ted Strickland; in Los Angeles mit Gouverneurs-anwärter Phil Angelides; und in Bellevue, Washington, mit Senatorin Maria Cantwell.

Im Uhrzeigersinn von rechts: Obama beim Signieren während einer Veranstaltung der Demokraten in Philadelphia; in Florida mit* Gouverneursanwärter Jim Davis; in Hoboken, New Jersey, als Schützenhilfe für Senator Bob Menendez; bei einer Veranstaltung der Demokraten in Tempe, Arizona; in Little Rock, Arkansas, mit Gouverneuranwärter Mike Beebee; und in Nashville mit Senatskandidat Harold Ford Jr.

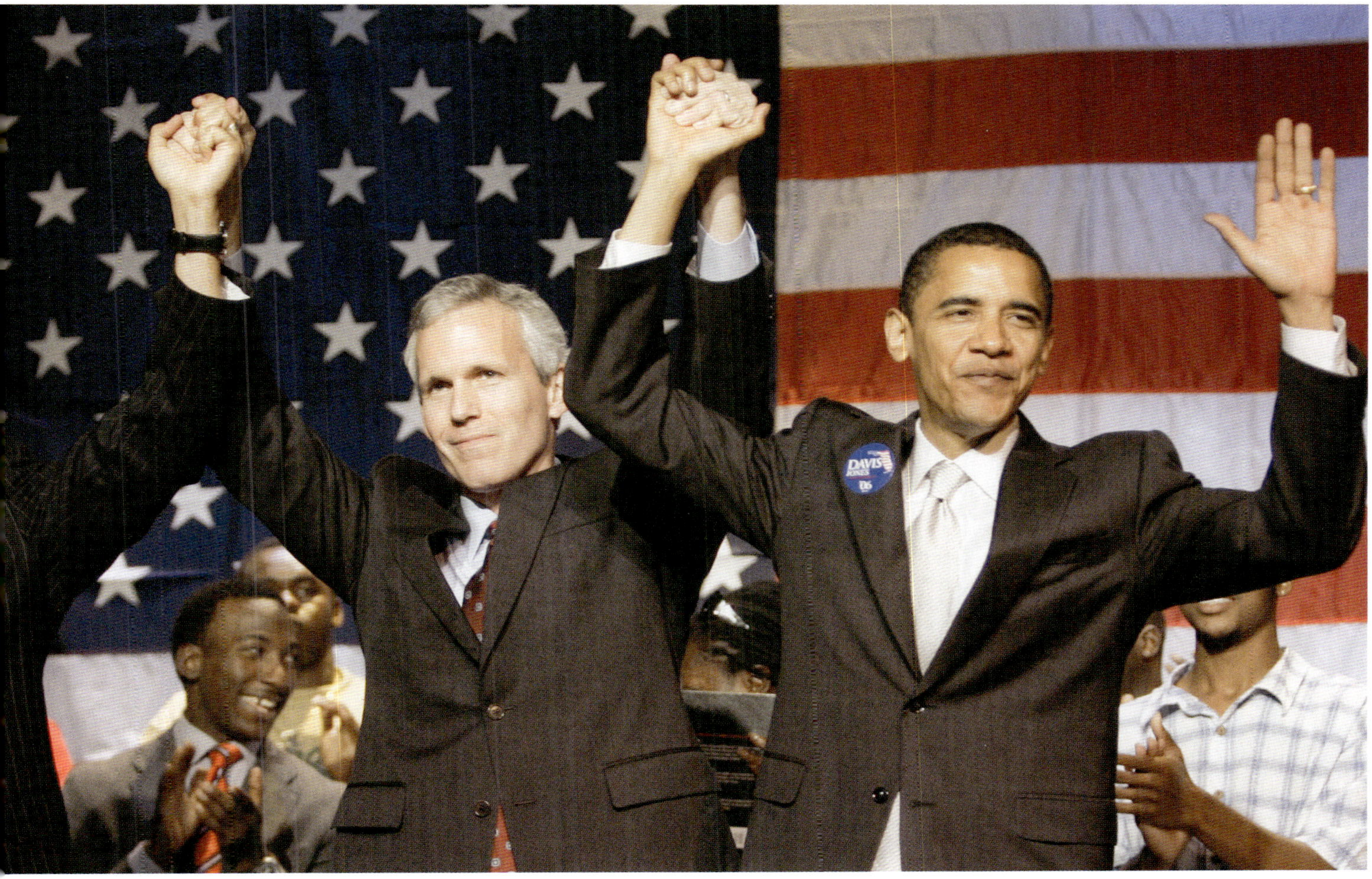
DAVIS

Bob
Menendez
Democrat for NJ
Menendez2006.com

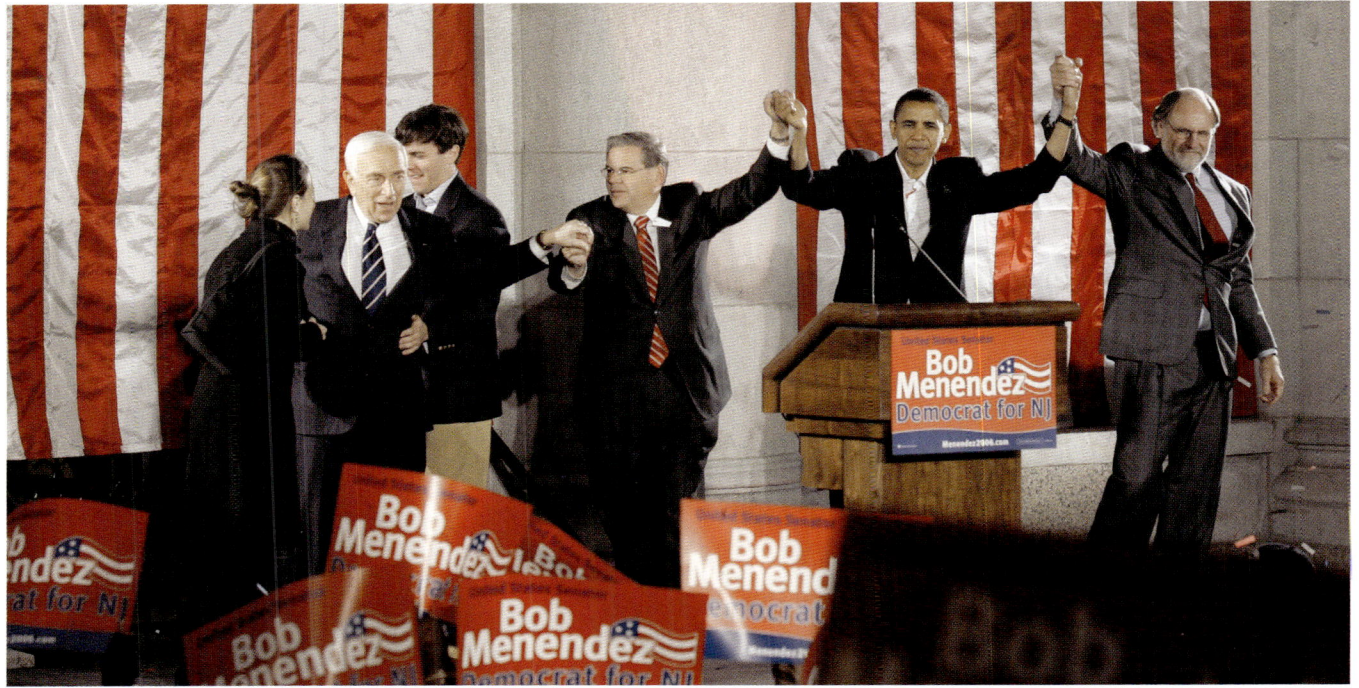

SENATOR OBAMA STARTET DURCH

5

Seit mehr als 20 Jahre bieten die jeweiligen zwei Delegierten aus Illinois für die Einwohner ihres Bundesstaates, die sich gerade in Washington befinden, jeden Donnerstagmorgen Kaffee und Donuts auf dem Capitol Hill an. Die wöchentlichen Treffen, eine vom inzwischen verstorbenen Senator Paul Simon 1985 ins Leben gerufene Tradition, geben den Wählern die Chance, mit ihrem

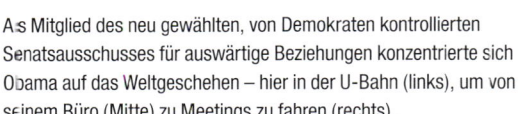

Als Mitglied des neu gewählten, von Demokraten kontrollierten Senatsausschusses für auswärtige Beziehungen konzentrierte sich Obama auf das Weltgeschehen – hier in der U-Bahn (links), um von seinem Büro (Mitte) zu Meetings zu fahren (rechts).

Senator Obama während der Arbeit in seinem Büro in Chicago
am 2. Oktober 2006

„Meiner Meinung nach gibt es Momente in der amerikanischen Geschichte, in denen sich die Gelegenheit bietet, die Sprache der Politik oder die Ausrichtung des Landes zu ändern. Ich glaube, wir befinden uns an einem solchen Punkt."

BARACK OBAMA

gewählten Repräsentanten bei einem Kaffee zu sprechen. Gleichzeitig haben die Senatoren so die Möglichkeit, mit den Wählern zu Hause im Kontakt zu bleiben.

Diese Treffen verliefen immer freundlich und ruhig. Selten fanden sich mehr als ein paar Dutzend Leute ein. Aber das änderte sich schlagartig, als Obama mit mehr Tamtam als andere Senatoren – außer vielleicht Bobby Kennedy und Hillary Clinton – nach Washington ging. Plötzlich brauchte man für den wöchentlichen Kaffeetreff mehr Platz, um die immer größer werdende Menge an Obama-Fans, von denen längst nicht alle aus Illinois waren, unterzubringen.

„Amerika ist bereit, ein neues Kapitel aufzuschlagen. Es ist bereit, eine neue Herausforderung anzunehmen. Jetzt ist unsere Zeit. Eine neue Generation ist bereit, die Zügel in die Hand zu nehmen."

BARACK OBAMA

Es sah so aus, als ob Obama und sein dienstälterer Kollege Senator Dick Durbin ihre Treffen bald in einem Stadion abhalten müssten, um die Menschenmassen, den Sicherheitsdienst und die Journalisten, die jeden Schritt Obamas verfolgten, nachdem er seine Präsidentschaftskandidatur bekannt gegeben hatte, zu beherbergen. Schon zuvor bestanden die Zusammenkünfte, bei denen Obama und Durbin die Fragen ihrer Wähler beantworteten, nicht mehr aus einem informellem Geplauder um den Frühstückstisch, sondern bekamen Eventcharakter. Mehr als 150 Leute saßen auf den Stühlen, während Dutzende weitere dahinter die Wände säumten oder nicht mehr eingelassen werden konnten. Bei einem solchen Treffen im Jahr

2006 stellte Obama seinen Kollegen als einen der besten zehn, von der Zeitschrift *Time* auserkorenen Senatoren vor. Durbin erwiderte, er habe allerdings nicht die Aura eines Stars wie Obama und sei „auch noch nie auf der Titelseite von *Newsweek*" gewesen. „Und einen Grammy habe ich auch nicht."

Bei einem weiteren solchen Treffen erinnerte Durbin die Teilnehmer daran, dass Obama letztes Jahr den ersten Ball der Play-Offs für die Chicago White Sox geworfen hatte und sie daraufhin die World Series gewannen – das erste Mal seit 88 Jahren. Als ein Student Obama fragte, ob er dasselbe für die noch schlechteren Cubs tun würde, die in der World Series 1907 zum letzten Mal gewonnen hatten, meinte dieser: „So gut bin ich nun auch wieder nicht."

Viele Demokraten, die das Gefühl hatten, es wäre schon ähnlich lange her, seitdem ein Demokrat im Weißen Haus residiert hatte, hegten große Hoffnungen, dass Obama zumindest sie – wenn auch nicht die Cubs – aus ihrer Misere führen könnte.

Nach seiner Vereidigung im Senat an einem sonnigen Wintertag im Januar 2005, der auch seine stolze Familie aus Hawaii und Kenia beiwohnte, nahm Obama an einem Empfang im East Room des Weißen Hauses teil. Als er durch die Menge der Senatsneulinge ging, von denen die meisten Republikaner waren, fragte ein Fotograf einen Reporter: „Wer ist das?" Ohne auf eine Antwort zu warten, fügte er hinzu: „Der Typ hat das gewisse Etwas!"

The Atlantic Monthly nannte ihn keine zwei Jahre später „ein Naturtalent", als Obamas Wahlreden dazu beigetragen hatten, die Zwischenwahlen 2006 für die Demokraten zu entscheiden.

Er wurde als der kluge und entschlossene Jungstar der wiederbelebten Partei bejubelt. „Obama hat sich an der Spitze der neuen Generation etabliert", erklärt ein einflussreicher demokratischer Politiker. „Es gibt keinen, der ihm das Wasser reichen kann."

Der lässige Linkshänder Obama warf 2005 den ersten Ball der
Play-Offs für die White Sox sein Team (oben). Am Telefon im
Senatgebäude (oben rechts) und bester Dinge während eines
Team-Meetings 2006 (rechts).

Barack Obama – Eine Biographie in Bildern

Der britische *New Statesman* zählt ihn zu den zehn Menschen, die „die Welt verändern könnten". Dem Online-Magazin *Slate* zufolge hat Obama schon jetzt die „amerikanische Politiklandschaft auf den Kopf gestellt".

Der Redakteur des Magazins, Jacob Weisberg, wies in seinem Artikel mit größter Dringlichkeit auf die Präsidentschaftswahlen 2008 hin, die zu diesem Zeitpunkt noch zwei Jahre in der Zukunft lagen. Kurz zuvor hatte die Senatorin für New York, Hillary

„Wenn Sie mein Mann wären, würde ich Sie nicht aus den Augen lassen."

WEIBLICHER GAST AUF EINEM DINNER DER ILLINOIS DENTAL SOCIETY

Clinton, als einzige Kandidatin gegolten, die es für einen Republikaner zu schlagen gab – obwohl sie ihre Kandidatur noch gar nicht bekannt gegeben hatte. Weisberg ging das zu schnell. Obama, schrieb er, „und nicht Hillary" wäre der ideale demokratische Spitzenkandidat – falls er sich zur Wahl stellen würde.

Als Obama im Dezember 2006 zugab, eine solche Kandidatur in Erwägung zu ziehen, redete im Nu das ganze Land über nichts anderes. Oprah Winfrey, Larry King und Jay Leno bettelten, dass er seine Kandidatur in ihrer Show öffentlich bekannt geben würde. „Wenn Obama kandidiert, wird er gewinnen", schrieb Markos Moulitsas im liberalen Blog *Daily Kos*.

Nora Ephron, eine Kennerin der Washingtoner Politikverhältnisse und Ex-Frau des *Washington Post*-Journalisten Carl Bernstein, wurde zu Charlie Roses Fernsehshow eingeladen, um über ihr Buch *Der Hals lügt nie: Mein Leben als Frau in den besten Jahren* zu reden. Auf die Frage hin, ob Obama bereit sei, Präsident zu werden, ließ sie keine Zweifel aufkommen, dass sie mehr von ihm hielt als von den verschiedenen Teilen ihres eigenen Körpers. „Ich will nicht warten, bis er bereit ist", lautete die Antwort der Drehbuchautorin, deren Filme *Schlaflos in Seattle* und *When Harry Met Sally* ihren Spürsinn für den Zeitgeist offenbaren. „Ich bin bereit für Barack Obama. Ich glaube nicht, dass wir weitere sechs Jahre Zeit haben, um auf ihn zu warten, denn bis dahin ist die Hölle los."

Aber es waren nicht nur Demokraten, die in ihm einen beeindruckenden Kandidaten sahen. „In

102

Obama (hier 2006 bei einem Treffen mit einer Studentengruppe) ist ein überzeugender Redner, der auch ein skeptisches Publikum in einer Rede über Israel für sich gewann. „Er war unglaublich nachdenklich", meinte ein Zuhörer. „Das Publikum war beeindruckt. Barack schaffte es, dass die Menschen, die nicht mit ihm übereinstimmten, diese Meinungsverschiedenheit akzeptierten."

„Es geht mich etwas an, wenn ein Kind in der South Side von Chicago nicht lesen kann – ob das nun mein Kind ist oder nicht."

BARACK OBAMA

republikanischen Kreisen", gibt ein ehemaliger Senator aus Illinois zu, „haben wir immer befürchtet, dass Obama einmal der Rockstar der amerikanischen Politik wird."

„Barack Obama ist eine lebendige Hoffnungsmaschine", sagt der texanische Republikaner Mark McKinnon, der Berater für George W. Bush war. „Die Menschen glauben in ihm das Gute und das Herausragende dieses Landes zu sehen. Er ist wie ein Spiegel, in dem man sich so sieht, wie man glaubt zu sein oder es jedenfalls hofft. Er ist erfolgreich, talentiert, respektvoll, gemäßigt, vernünftig, bedächtig und vor allem zutiefst menschlich."

McKinnon ging sogar so weit, einen möglichen Slogan für Obamas Kampagne zu prägen: „Ich glaube, Wähler sehen in ihm eine menschliche Brücke, die das Land vereinen kann", schrieb er in einer Email an einen Reporter und bezeichnete

Drei Präsidenten? Nach dem Wirbelsturm Katrina flog Obama im September 2005 zusammen mit Bill Clinton und George Bush nach Houston, um mit den Bewohnern von New Orleans zu sprechen, die obdachlos geworden waren. Im Senat unterstützte er einen Gesetzesentwurf, der die zweite Bush-Regierung daran hinderte, Wiederaufbau-Verträge zu vergeben, ohne Kostenvoranschläge einzuholen.

Verträge für den Wiederaufbau der verwüsteten Küste erhalten sollten.

Laut Coburn überwindet Obama die üblichen Parteigrenzen so, wie das zu einem echten Staatsmann passt.

„Washington hat diese Wirkung", meinte Coburn in *Harper's* und klang so, als ob er gerade *Hoffnung wagen* gelesen hätte. „Jeder konzent-

den Präsidentenanwärter als den „oberster Heiler" des Landes.

Sogar Bushs innenpolitischer Berater, Peter Wehner, zollte Obama Beifall für seinen Appell, endlich mit den Streitereien aufzuhören und stattdessen gemeinsam etwas Gutes für das Land zu tun. „Barack Obama wirkt vernünftig, höflich, über den Streitigkeiten stehend, wohlmeinend, nicht ideologisch angehaucht und umgänglich."

Obama gewann dieses Ansehen bei seinen politischen Gegnern während der ersten zwei Jahre in dem von Republikanern regierten U.S.-Senat — ganz ähnlich wie er das in Springfield im Senat von Illinois als progressives Mitglied der kleineren Partei getan hatte. „Wenn Barack anderer Meinung ist oder glaubt, man habe etwas nicht Angemessenes getan", verriet einer von Oklahomas konservativsten Senatoren Tom Coburn, „dann will er darüber sprechen. Er kommt zu dir und versucht, die Sache zu klären: ‚Ich kann nicht glauben, dass Sie wirklich gegen meinen Gesetzesentwurf sind.' Das habe ich beobachtet. Mitten im Senat."

Coburn und Obama freundeten sich an, als sie 2005 in den Senat gewählt wurden und nach Washington zogen. Die beiden lernten zusammen die Stadt kennen, übten sich bei informellen Essen in der Kunst des Brainstorming und verfassten einige Gesetzesentwürfe, von denen einer auch abgesegnet wurde. So kann heute jeder Steuerzahler im Internet verfolgen, wie und wo die Regierung sein Geld ausgibt. Sie taten sich auch nach dem Wirbelsturm Katrina zusammen, um die Bush-Regierung daran zu hindern, Steuergelder in die Hände einiger weniger Firmen zu schleusen, die automatisch offene

„Er hat mich sehr beeindruckt. Als Mann, als Anwalt und als Mensch, der statt einer lukrativen Karriere Sozialbetreuer wurde, um anderen zu helfen."

VERNON JORDEN, EIN FREUND OBAMAS UND BERATER DER CLINTON-REGIERUNG

riert sich auf das, was ihn von den anderen trennt, anstatt sich auf die Gemeinsamkeiten zu besinnen. Aber eine vernünftige Regierung kann das ändern. Ich glaube, Barack hat die nötige Begabung, die Energie und das Charisma, um die Vereinigten Staaten zu führen, [und nicht] nur die Demokraten."

Es gab viele Demokraten, die glaubten, Obama habe das Zeug dazu, die Partei wieder ins Weiße Haus zu führen. Der ehemalige Senatsvorsitzende Tom Daschle, mittlerweile politischer Berater in Washington, ist ebenfalls der Ansicht, dass Obama der aufsteigende Star der Demokraten ist und die Partei gut daran täte, ihre Hoffnungen auf ihn zu richten. „Er sprüht vor Charisma", erklärt er. „Obama ist echt. Seitdem er das erste Mal auf die öffentlichen Bühne trat, hat er in vieler Hinsicht noch an Statur gewonnen. Er ist ein aufsteigender Star, wie andere auf anderen Gebieten. Wir nennen so jemand eine ‚Sensation aus dem Nichts'. Aber er hat hart gearbeitet, um da zu sein, wo er jetzt ist. Bei Obama geschah das nicht von heute auf morgen."

Baseball war eines der wenigen Themen, bei dem George W. Bush und Obama übereinstimmten (hier mit Senator Dick Durbin, links, und dem Eigentümer der White Sox, Jerry Reinsdorf, rechts, bei einem Empfang der World Series Sieger 2005).

dem in allen 50 Staaten zu rechnen ist … Es gibt republikanische Staaten … in denen er eine echte Chance hat."

Für Demokraten, die nicht an den Hebeln der Macht sitzen – insbesondere den Progressiven, die schon jede Hoffnung auf soziale, wirtschaftliche und außenpolitische Reformen aufgegeben hatten – wirkt Obama beinahe berauschend. „Wenn man sich mit Politik auseinandersetzt und dann auf Obama stößt", meint Bürgerrechtsanwalt Judd Miner, dessen Kanzlei Obama 1991 beigetreten war, „weiß man, dass noch Hoffnung besteht."

„Wir müssen begreifen, dass die Kraft unser Diplomatie der Macht unseres Militärs gewachsen sein muss."

BARACK OBAMA

Eine ähnliche Einsicht inspiriert die Scharen von Freiwilligen, die Obama für seinen Präsidentschaftswahlkampf gewonnen hat. „Man spricht vom Saft", erklärt Dan Shomon, der Obama als Wahlkampfleiter bei seiner Senatskampagne half, die Freiwilligen in die Wahlkreise zu schicken, Wahlmaterialen auszuhändigen, Telefonate zu tätigen und Wähler an die Urnen zu bringen. „Die Leute trinken den Obama-Saft, [und] auf einmal kann man gar nicht genug Arbeit für sie finden."

Einige Demokraten bezweifelten jedoch, dass das Obama-High für die Partei gut ist. Obwohl es nicht an solchen fehlt, die ihn mit früheren erfolgreichen und charismatischen Kandidaten vergleichen („Er verkörpert die Anziehungskraft von JFK – jung, attraktiv und intelligent", meinte z. B. der Präsident der Universität Princeton, Professor Fred Greenstein), gibt es auch andere, die behaupten, Kennedy wäre aufgrund seines Einsatzes im Krieg und seiner größeren Erfahrung qualifizierter als

Anderen Demokraten wurde es ganz schwindlig bei der Vorstellung, er könnte kandidieren. Rahm Emanuel, Illinois-Kongressabgeordneter und einflussreicher demokratischer Stratege, nannte ihn den „ersten postideologischen Kandidaten, mit

Obama gewesen. Kennedy hatte sowohl von Marine und Kriegsmarine Orden für seine Heldentaten im Pacifik verliehen bekommen. Zudem diente er zwei Amtszeiten lang im Senat, wo er acht Jahre Erfahrungen sammeln konnte, ehe er sich 1961 zur Wahl für das Weiße Haus stellte. Obamas Kritiker weisen darauf hin, dass er 2009, beim nächsten präsidialen Amtsantritt, erst einen einzigen Wahlkampf für den Senat hinter sich gebracht hat und nur vier Jahre Erfahrungen sammeln konnte.

Seine Befürworter betonen, dass er 2009 bereits 47 Jahre alt sein wird (JFK war 43, als er vereidigt wurde) und dass seine Kritiker die sieben

„Kriegsheld oder rotznäsiger Anfänger."

OBAMAS VORSCHLAG FÜR EINEN MÖGLICHEN MARKIGEN SLOGAN DES WAHLKAMPF ZWISCHEN IHM UND MCCAIN

Jahre im Senat von Illinios nicht mit einbeziehen würden. Außerdem sei der derzeitige Präsident der Gouverneur eines Bundesstaats gewesen, wo die Legislative mehr Macht als die Exekutive besitzt. Bush habe sich auf das höchste Amt vorbereitet, indem er ein pleite gegangenes Ölbohrunternehmen leitete und Teilbesitzer eines Baseballteams war. Obama hingegen schuftete jahrelang, um den Armen und Enteigneten als Sozialbetreuer und Bürgerrechtsanwalt zu helfen.

„Wichtig ist nicht Erfahrung als solches. Donald Rumsfeld und Dick Cheney hatten die besten Lebensläufe von ganz Washington und schafften im Irak ein Fiasko", meinte Obama letztes Jahr. „Das Wichtigste ist genug Klugheit, um aus Erfahrung zu lernen und gute Entscheidungen zu treffen."

„Die Leute verlangen nicht nach Erfahrung", teilte der republikanische Meinungsforscher Frank Luntz dem *National Journal* mit. „Es geht ihnen um Können. Die Frage heißt nicht ‚Haben Sie das schon einmal gemacht?', sondern ‚Können Sie das?' Und Obama wirkt wie einer, der es könnte."

„Die Bevölkerung will einen Präsidenten, der führen kann, aus tiefster Überzeugung handelt und völlig integer ist", erklärt Bill Clintons ehemaliger Pressesekretär Mike McCurry. „Senator Obama strahlt diese Qualitäten mit jeder Pore seines Wesens aus."

Andere Kritiker bezweifelten Obama Wählbarkeit in den demokratischen Vorwahlen – von den Präsidentschaftswahlen ganz zu schweigen. Wie soll er sich gegen einen derart eindrucksvollen Gegner wie den republikanischen Spitzenkandidaten John McCain behaupten, der bereits vier Amtszeiten im Senat hinter sich hat und ein hoch dekorierter Vietnam-Kriegsveteran und -gefangener ist, dessen Auszeichnungen in Kriegszeiten noch mehr glänzen – auch wenn es sich um einen so unpopulären und katastrophalen Krieg handelt wie den im Irak?

Die Befürworter Obamas wiederum vermuten, dass seine Jugendlichkeit für ihn von Vorteil ist. Er ist 25 Jahre jünger als McCain und 13 Jahre jünger als Hillary Clinton. „Es hat etwas für sich", schreibt Jennifer Senior in einem witzigen und aufschlussreichen Artikel in der Zeitschrift *New York* über Obamas Anhängerschaft in der Generation, die nach dem Babyboom geboren wurde, „mal einen Politiker zu haben, der nicht mit Koteletten groß geworden ist und nur Simon und Garfunkel gehört hat."

Obama sieht sein Alter eher als Vorteil bei den Wählern, die – so erklärt er – gelangweilt seien, immer nur dieselben Leute zu hören, die sich um dasselbe streiten. „Das sind Kämpfe, die in Studentenwohnheimen in den sechziger Jahren ausgefochten wurden", fügt er hinzu und spielt damit auf alte Kampfthemen wie Vietnam und die sexuelle Befreiung an. „Ich glaube, dass die meisten Leute keine Lust mehr haben, 40 Jahre später noch einmal die Sechziger zu durchlaufen."

Sogar der besonders harte Kritiker Obamas, der Journalist des Magazins *New York* John Heilemann, gibt zu: „Obamas Quintessenz lautet, die alte Politik endlich hinter uns zu lassen und dass er die Verkörperung des Neuen sei. Nach der Politik der verbrannten Erde und der erbärmlichen

Polarisierungen während der Clinton-Bush-Jahre muss man dumm sein, um die Kraft dieser Aussage zu unterschätzen."

Lange bevor die Vorwahlen überhaupt begannen, behauptete Heilemann, dass ein Großteil der Begeisterung für Obama daher rühre, weil er eben nicht Hillary Clinton sei, die für viele als die stärkste Kandidatin der Demokraten galt. Ein Journalist des *National Journal* warnte hingegen, dass Hillary bei den Wahlen „mit großer Wahrscheinlichkeit als Kanonenfutter dienen würde". Ein politischer Stratege erklärte dem gleichen Magazin: „Die Angst in demokratischen Kreisen ... [Senatorin Clinton] könnte die Wahl verlieren, ist groß. Man spürt förmlich das Verlangen nach einem neuen Gesicht. Ich höre es aus fast jeder Unterhaltung mit Demokraten heraus."

Zeitgleich schrieb Heilemann: „Was für Obama spricht und was auf Hillary nicht zutrifft, ist die Tatsache, dass ihn die Menschen wirklich mögen. Die Macht einer echten Persönlichkeit in der Politik darf nicht unterschätzt werden." Trotzdem, fügte er hinzu, „ist und bleibt Hillary Clinton die eindeutige Favoritin, wenn es darum geht, wen die Demokraten als ihren Spitzenkandidaten ins Rennen schicken. Sie hat das Geld. Sie hat den Lebenslauf. Sie hat Strategie und den gewitztesten politischen Berater, den es gibt (ihren Mann). Zudem kann sie sich auf die

Arbeit und Vergnügen in einem: Obama traf Erzbischof Desmond Tutu während einer Reise nach Südafrika und Kenia, wo er über Aids und die Krise in Dafur sprach sowie die kenianische Regierung in einer im Fernsehen übertragenen Rede im August 2006 der Verletzung der Menschenrechte und Einschränkung der Bürgerrechte bezichtigte.

voَe Unterstützung eines beachtlichen Kontingents deِ demokratischen Wählerschaft verlassen."

Heilemann schloss sich auch der Ansicht an, dass Obama es schwierig finden würde, das Wahlkampfgefecht zu überstehen. So meinte auch ein demokratischer Stratege: „Er wurde noch nie getes-

---

„Vielleicht kann er nicht auf 40 Jahre in der Politik zurückblicken, aber als Jungen kann man ihn auch nicht abtun. Er ist ein etablierter Politiker, der viel von der Welt gesehen hat."

WILLIAM M. DALEY, EHEMALIGER AMERIKANISCHER WIRTSCHAFTSMINISTER, ÜBER OBAMA

---

tet und noch nie auseinander genommen. Bisher hat noch niemand seine Vergangenheit so genau unter die Lupe genommen, wie das die Republikaner tun werden. Er wäre als Kandidat noch besser, wenn er diese Hölle schon einmal durchlebt hätte."

Obama stimmte dem mehr oder weniger zu. Er erklärte einem Journalisten, dass er bisher „kampflos durchgekommen" sei. Sein republikanischer Gegner hatte sich aus dem Wahlkampf zurückgezogen, ehe sein Angriffsspezialist Zeit gehabt hatte, eine wirkungsvolle Strategie auszuhecken. „Ich war nicht einer Unmenge von Negativwerbung ausgesetzt. Niemand dachte, dass ich gewinnen würde. Also gewöhnte ich mir an, das zu sagen, was ich denke. Und weil das funktioniert hat, scheint es nicht so abwegig, daran festzuhalten."

Trotzdem durchforsteten seine eigenen Leute sämtliche Akten des U.S.-Senats nach Informationen über Obama, die in einer Schmierkampagne von den Republikanern gegen ihn benutzt werden könnten. „Sie fanden nicht viel", wie Obama in *Hoffnung wagen* schreibt, „aber genug, um den Zweck zu erfüllen. Es handelte sich um etwa ein

Dutzend Zitate, die ganz schön beängstigend klingen würden, wenn man sie außer Kontext zitiert."

Dazu zählte ein Gesetzesentwurf gegen Drogenverbrechen, der so „schlecht formuliert war, dass er sowohl unwirksam als auch verfassungswidrig gewesen wäre". Obama stimmte dagegen, was zu einer Negativkampagne führen könnte, wie sie sein Team von den Republikanern befürchtet: „Obama stimmte für eine schwächere Bestrafung von Massenvergewaltigern, die in Schulen mit Drogen dealen." Eine andere Negativwerbung könnte folgendermaßen lauten: „Obama sprach sich gegen einen Gesetzesentwurf aus, der unsere Kinder vor Sexualverbrechern schützt". Er erklärte, dass er den „Nein"-Knopf aus Versehen gedrückt habe und der Fehler in kürzester Zeit richtig gestellt worden sei, wie das auch aus den offiziellen Aufzeichnungen ersichtlich war. „Irgendwie glaube ich nicht, dass die Republikaner diesen Teil der Akten veröffentlichen würden", meinte seine Wahlkampfmanager David Axelrod mit einem ironischen Lächeln.

Als sich Obama für die Vorwahlen aufstellen ließ, wusste er, dass sowohl die Demokraten als auch die Republikaner sein Stimmverhalten in seiner kurzen Zeit als U.S.-Senator genauestens unter die Lupe nehmen würden, um ihn dann mit Dreck bewerfen zu können. Die meisten Beobachter sind sich einig, warum es seit 1900 erst zwei aktive Senatoren – Warren G. Harding und John F. Kennedy – geschafft haben, das höchste Amt zu bekleiden:

Jede Stimme, die ein Senator abgibt, wird aufgezeichnet und bietet fruchtbaren Boden für mögliche Angriffe.

In einem unterhaltsamen und aufschlussreichen Kapitel seines Buches über die Geschichte und die Funktionsweise des U.S.-Senats, zitiert Obama eine Passage aus Kennedys *Zivilcourage* über „die Angst vor der Endgültigkeit einer Entscheidung, die ein Senator empfindet, ehe er seine Stimme abgibt.

„Vielleicht bräuchte er mehr Zeit, um die Situation zu überdenken", schrieb Kennedy. „Vielleicht

Im August 2005 unterzogen sich Obama und seine Frau im kenianischen Kisumu einem Aids-Test (rechts), um den Ängsten der Bevölkerung entgegen zu wirken, die den Kampf gegen die Krankheit behinderten. Am Tag darauf posierte er mit einem hochnäsigen Beobachter in der Nähe der somalischen Grenze.

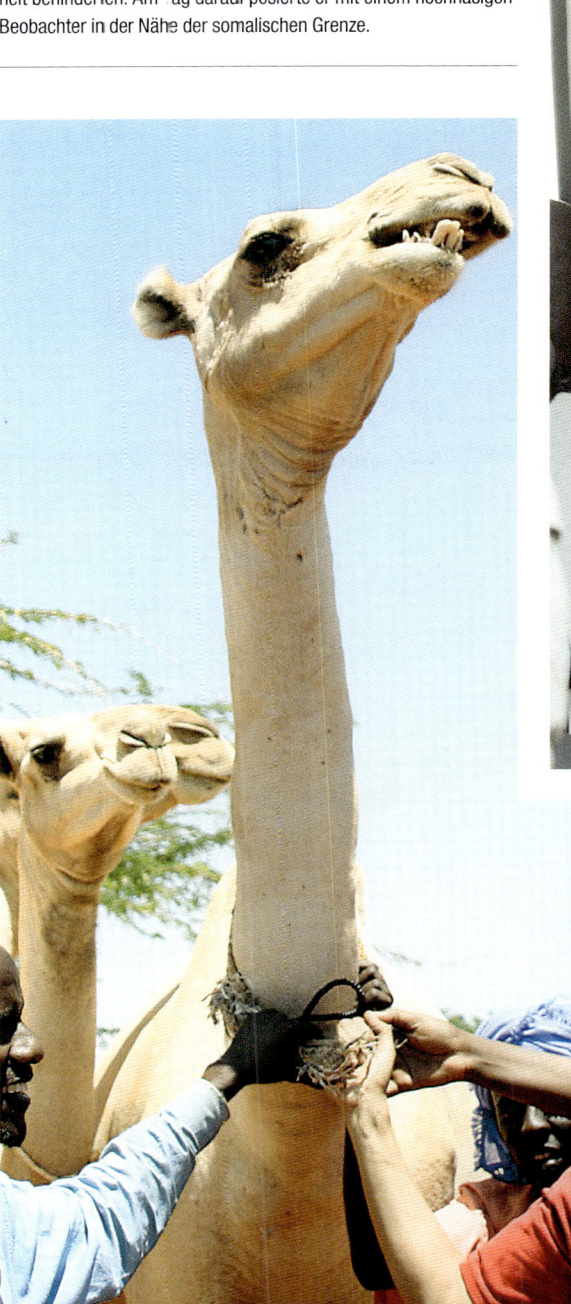

„In einem Land mit 300 Millionen Einwohnern", erklärte Obama nach den Zwischenwahlen 2006 einem Journalisten in seinem Senatsbüro, , bedarf es einer gewissen Kühnheit, zu erklären, der Beste zu sein um dieses Land zu führen."

glaubt er ja auch dass beide Seiten ihr Gutes haben und eine kleine Änderung alle Probleme beseitigen könnte. Doch sobald abgestimmt wird, kann er sich nicht mehr verstecken, nicht mehr zweideutig sein, nicht mehr zögern."

Als 99. Senator von Hundert (nach ihrer Dienstzeit geordnet) ließ Obama während seines ersten Jahres Vorsicht walten, damit sein Status als Star den Senat nicht behinderte. „Er will nicht als Lichtgestalt mit den Gesetzestafeln in der Hand gesehen werden", erklärte Axelrod einem Reporter. „Er weiß, dass es um Arbeit geht." Michelle Obama meinte einmal: „Mein Mann hat die Ärmel hochgekrempelt und tut etwas, um diesem ungeheuren Medienrummel gerecht zu werden."

Zu dieser Arbeit gehörte auch, über 300 höfliche Absagen pro Woche für seine Teilnahme an diversen Talk-Shows und öffentlichen Veranstaltungen zu verschicken. Er hielt sich im Hintergrund und konzentrierte sich darauf, sein Team zusammenzustellen (u. a. Daschles ehemaligen Stabschef), sich mit Kollegen beider Parteien anzufreunden und sich mit solch erfahrenen Leuten auszutauschen wie Ted Kennedy, Robert C. Byrd – dem etwa 90-jährigen ehemaligen Ku-Klux-Klan-Mitglied aus Raleigh County (West Virginia), mit dem er eine enge Verbindung geknüpft hat – und auch Hillary Clinton. Er konzentrierte sich auf praxisbezogene Themen wie invalide Veteranen und überstaatliche Infrastrukturausgaben, die den Wähler zu Hause betrafen, und auf Senatsabstimmungen, wie sie von JFK beschrieben worden waren.

Bereits zwei Wochen nach seinem Amtsantritt fand eine solche Abstimmung statt. Obama war nicht derselben Meinung wie seine Partei und einige seiner größten Wahlkampfspender. Er stimmte zusammen mit den Republikanern für ein Gesetz,

das Massenklagen empfindlich einschränkte, und befremdete so Verbraucher-, Gewerkschafts- und Bürgerrechtsgruppen, die ihn unterstützten, sowie die Anwälte, die ihm mit Geld tatkräftig zur Seite gestanden hatten. „Wenn millionenschwere Abfindungen ausgehandelt werden und die Opfer nichts weiter als ein paar Coupons für irgendein Produkt erhalten, hat das wenig mit Gerechtigkeit zu tun", erklärte Obama in einem Statement. Seiner Meinung nach sollten solche Klagen nicht vor einem Amtsgericht, sondern vor einem Staatsgericht oder vor dem Bundesgericht angehört werden.

„Wenn es zu Verhandlungen in bestimmten Verwaltungsbezirken kommt, nur weil die Richter dort riesige Abfindungen zuerkennen, dann findet im Handumdrehen ein Ausgleich statt, ohne dass man weiß, wer Recht hat und wer nicht."

„Unsere Regierung in Washington scheint unfähig zu sein, vernünftig und praktisch zusammenzuarbeiten. Die Politik ist so verbittert und parteigebunden geworden, so sehr von Geld und Macht korrumpiert, dass wir nicht in der Lage sind, unsere großen Probleme anzugehen."

BARACK OBAMA

Todd Smith, Präsident der Vereinigung amerikanischer Strafverteidiger und einer von Obamas Wahlkampfspendern, gehörte zu den treibenden Kräften hinter dem Gesetzesentwurf. Smith besuchte Obama nach der Abstimmung, um seiner Enttäuschung Luft zu machen. Der Lobbyist erklärte dem Magazin *American Prospect,* dass der politische Flügel seiner Gruppe aber weiterhin

Obamas Wahlkampf unterstützen wolle. „Es wurde alles sehr offen besprochen", erzählte Smith. „Er sagte: ‚Todd, schieß los, halte dich nicht zurück.' Und das tat ich. Er war der Ansicht, dass Änderungen nötig seien und ... hoffte, [seine Stimme] sei der richtige Weg nach vorne. Ich denke nicht, dass

„Willst du Präsident werden? Musst du da nicht erst Vizepräsident sein?"

MALIA OBAMA ZU IHREM VATER

man aufgrund einer einzigen Entscheidung jemandem plötzlich die Unterstützung verweigern sollte. Er wird sich immer für normale Leute und deren Rechte einsetzen, und sollte es einmal nicht der Fall sein, gibt es bei Barack Obama handfeste Gründe dafür. Da bin ich mir sicher. Er ist schon jetzt ein herausragender Senator."

Bei den meisten Abstimmungen wählte Obama wie seine Partei – z.B. bei Bushs Kandidaten für den Obersten Gerichtshof (er stimmte dagegen), der Stammzellenforschung (dafür) und der Abänderung eines Gesetzes, welches das Verbrennen der Flagge kriminalisieren sollte (dagegen). Doch er verärgerte auch die Linken in seiner Partei, als er seine kompromisslose Anti-Kriegs-Haltung nach wiederholten Erkundungsmissionen während seiner ersten zwei Jahre im Amt änderte.

Obama glaubt, dass die Invasion ein katastrophaler Fehler war, lehnt Bushs Steigerung der Truppenanzahl ab und fordert eine sofortige Umstrukturierung, um zu verhindern, dass

„Es ist schwierig, im Augenblick an so etwas Gewaltiges wie die Präsidentschaftskandidatur zu denken", meinte Michelle (mit Familie in Hyde Park, oben) im März 2006. „Darüber sprechen wir nicht täglich." Ab Dezember änderte sich das jedoch, denn im darauf folgenden Monat gab er seine Kandidatur für das Weiße Haus bekannt (rechts, in New Hampshire).

amerikanische Soldaten weiterhin dem Kreuzfeuer eines blutigen, sektiererischen Bürgerkriegs ausgesetzt sind. Aber als der demokratische Kongressabgeordnete John Murtha 2006 einen sofortigen Abzug der Truppen forderte, meinte Obama vor dem Chicago Council für auswärtige Angelegenheiten, dass die USA unter anderem „den Abzug der Truppen verantwortungsbewusst handhaben müssen – mit der Hoffnung, eine stabile Basis für die Zukunft zu hinterlassen."

David Broder, Kolumnist bei der *Wahington Post,* lobte Obama dafür, eine „sinnvolle

„Hillary Clinton ist Obamas Rhetorik nicht gewachsen, und ihre Wirkung auf Gruppen ist nicht so stark wie die seine", schrieb ein Berichterstatter (hier Obama 2006 mit Clinton bei einer NAACP-Versammlung – unten; sowie beim Wahlkampf für den Kriegsveteranen Tammy Duckworth aus Illinois – rechts). „Sie überzeugt auf einer Eins-zu-Eins-Basis. Obama aber ist ein Meister, wenn es um große Gruppen geht."

gemeinsame Basis" gefunden zu haben und den Weg für „die Regierung und das Land zu einem realistischen und relativ aussichtsreichen Irak-Kurs" frei zu räumen.

„Ich persönlich hege große Hoffnungen für ihn."

HAROLD M. ICKES, HILLARY CLINTONS WAHLKAMPFBERATER FÜR DEN SENAT

Von Anfang an versuchte Obama, mit einem neuen Blick an alte Themen heranzugehen, mit denen sich die Demokraten schon lange plagten. „Manchmal scheinen die Demokraten zu glauben", meinte er über die Tatsache, dass die Republikaner den konservativ-christlichen Wählerblock so fest im Griff haben, „dass die Kirchgänger von ihnen nicht erreicht werden können, weil es keine Gemeinsamkeiten gibt. Das ist nicht wahr und historisch gesehen früher auch nicht so gewesen." Der *Christian Coalition* und anderen politisch aktiven, religiösen Gruppen erklärt er: „Gläubige müssen verstehen, dass die Trennung zwischen Staat und Religion nicht nur den Staat vor der Religion schützt, sondern auch die Religion vor dem Staat."

Als er während seines Wahlkampfs für den Senat Gewerkschaften aufforderte, die zunehmende Globalisierung als unumgängliche Tatsache zu akzeptieren, fragte ihn William Finnegan, Journalist des *New Yorker*, ob er „den Arbeitern nicht ein rotes Tuch hinhalten würde".

Obamas Antwort lautete: „Sie tragen doch alle Nike-Schuhe und kaufen Pioneer-Stereoanlagen. Sie wollen doch gar nicht, dass die Grenzen geschlossen werden. Sie wollen nur nicht, dass ihr Leben zerstört wird."

Seiner Meinung nach hatten sich die Demokraten zudem nicht stark genug für eine allgemeine Krankenversicherung eingesetzt, weil sie Angst davor hätten, als Linke abgestempelt zu werden, die nur „Steuern erheben und ausgeben. Aber das ist kein Grund, nichts zu tun", meint Obama. „Man darf ein Ziel wie die allgemeine Krankenversicherung nicht aufgeben, nur weil man Angst hat, als

Linker zu gelten. Die Bevölkerung braucht eine allgemeine Krankenversicherung."

„Für mich", legte er einem Journalisten dar, „lautet die Frage nicht, ob man mehr in der Mitte oder eher links steht. Für mich geht es darum, ob man das schafft, was man sich vornimmt. Kann man eine funktionierende Koalition zusammen bekommen, um allen ein besseres Leben zu ermöglichen? Wenn es klappt, dann sollte man das unterstützen – ganz gleich, ob von links, rechts oder aus der Mitte."

In einem anderen Interview beschrieb sich Obama als einen Politiker, dessen „Wertvorstellungen tief in der progressiven Tradition wurzeln, in dem Glauben an die Chancengleichheit und die Bürgerrechte. Ich kämpfe für arbeitende Familien und für eine an den Menschenrechten orientierte Außenpolitik, für die Zivilrechte des Einzelnen. Ich will mich um die Umwelt kümmern und weiß,

---

„Er strahlt Optimismus und keine Wut aus", meinte der Gouverneur von New Jersey, Jon Corzine, über Obama (hier trägt er einer Bedürftigen der Chicagoer Tafel Lebensmittel für Thanksgiving nach Hause – unten; sowie beim Besuch in Kapstadt 2006 in Nelson Mandelas früherer Zelle – rechts). „Er versucht sogar, Negatives positiv anzugehen."

„Ich bin absolut überzeugt,
dass die Leute etwas Neues wollen."

BARACK OBAMA

Obama glaubt, dass er seine politische Vision auch den Wählern vermitteln kann. „Ich bin mir ziemlich sicher, dass ich jeden, ob schwarz, weiß, hispanisch, Republikaner oder Demokrat, innerhalb einer halben Stunde davon überzeugen kann, mich zu wählen", sagte er der *Newsweek*. „Ich fühle mich weder durch Rasse, Geografie noch Hintergrund gehemmt, wenn es darum geht, mit den Leuten zu kommunizieren."

Diese Verbindung zu den Menschen schätzt Obama im Grunde am meisten in der Politik. Nachdem er sein Amt in Washington angenommen hatte, hielt er mehr als 40 Veranstaltungen in den High-Schools, Colleges und Büchereien von Illinois ab. Er beantwortete Fragen und stand – so schreibt er in *Hoffnung wage*n – „den Leuten, die mich nach Washington schickten, Rede und Antwort … Sie fragten mich nach den Kosten rezeptpflichtiger Arzneien, dem Haushaltsdefizit, nach den Menschenrechten in Myanmar, nach Ethanol, der Vogelgrippe, nach der Schulfinanzierung und der NASA … Und als ich mir die Menge ansah, fand ich das sehr ermutigend. In ihrer Haltung konnte ich harte Arbeit erkennen. Ihr Umgang mit ihren Kindern erfüllte mich mit Hoffnung. Wenn ich mit Leuten zusammen bin, habe ich das Gefühl, in einen erfrischenden Bach zu tauchen. Danach bin ich wie gereinigt und glücklich, die Arbeit machen zu dürfen, die ich gewählt habe."

Gut zuhören zu können, ist ein wichtiger Teil guter Rhetorik: So wie Obama auf einem Forum in Boston zuhörte (oben), tat er das auch 2006 bei der Versammlung von Nuklearwaffenarbeitern in Illinois (rechts), ehe er sie vor einem Bundesausschuss für Strahlung und Gesundheit vertrat.

dass die Regierung in all dem eine wichtige Rolle zu spielen hat, dass jeder die gleichen Chancen haben sollte und die Mächtigen sich nicht rücksichtslos über die weniger Mächtigen hinwegsetzen dürfen".

Auf die Frage, was er am wenigsten an Washington schätze, antwortete er, dass es nicht sein Zuhause sei – oder noch nicht. Wenn der Senat tagte, richtete er es immer so ein, dass er am Donnerstagabend nach Chicago flog, das Wochenende mit seiner Familie verbrachte und erst am Montag zurück musste. Obama tat sein Bestes, um Michelle bei der Hausarbeit zu helfen, die Töchter zur Schule zu bringen und sie wieder abzuholen, damit sie rechtzeitig zu ihren Klavier- und Ballettstunden kamen und noch genügend Zeit hatten, um die Hausaufgaben zu erledigen.

Michelle, die das ambitionierte Projekt der Öffentlichkeitsarbeit für das Universitätskrankenhaus von Chicago als auch den Obama-Haushalt führt, wurde vom *Ebony*-Magazin als „der Inbegriff einer arbeitenden Schwarzen" bezeichnet. Aber das Los der Frau eines Politikers „ist hart", meinte Michelle gegenüber William Finigan vom *New Yorker.* „Und deshalb ist Barack auch so dankbar."

Als Obama in den Senat gewählt wurde, vereinbarte er mit Michelle, dass sie mit den Kindern in Chicago bleiben würde, wo sie ihre vertraute Umgebung sowie Bruder, Mutter, andere Verwandte und Freunde hat (ihr Vater starb vor ihrer Hochzeit). „Ich lebe hier in einem großen Dorf", berichtete sie *Ebony*. „Wir wollen nicht entwurzelt sein, es sei

„Wir müssen Glauben ernst nehmen – nicht nur einfach die religiösen Rechte blockieren, sondern jeden Gläubigen in das große Projekt der amerikanischen Erneuerung mit einbeziehen."

BARACK OBAMA

„Das Land Lincolns liebt Senator Obama.“

SCHILD BEI EINER AFL-CIO-VERSAMMLUNG IN ILLINOIS

„Barack", sagte George W. Bush 2005 bei einem Empfang im Weißen Haus am Tag vor Obamas Vereidigung in den Senat. „Kommen Sie, ich möchte Sie meiner Frau Laura vorstellen. Laura, du erinnerst dich an Barack. Er war in der Wahlnacht im Fernsehen." Obama (hier vor dem Weißen Haus – oben; mit den Töchtern auf dem Weg zur Schule – rechts; auf Reisen – rechts außen) erzählt von dem Treffen in seinem Buch: Nach dem Händeschütteln „wandte sich der Präsident an einen Berater, der ihm eine Menge Desinfektionsmittel auf die Hand schüttete". Michelle (oben rechts) vor einer High-School-Wirtschaftsklasse in Elmhurst, Illinois.

denn, es ist unumgänglich. Aber wir fühlen uns hier wohl. Es hat sich als eine gute Entscheidung herausgestellt, und Barack hat mittlerweile verstanden, wie weise mein Plan war."

Wenn Obama aus Washington oder von einem Wahlkampf nach Hause kommt, muss er jegliche Superstar-Allüren an der Tür ablegen. „Eine gute Rede macht niemand zu einem Superman", meinte Michelle nach der Grundsatzrede auf der Vollversammlung der Demokraten im Jahr 2004. Sie hat

sich nie gescheut, Journalisten zu erzählen, dass Obama lange aufbleibt, sein Bett nicht macht und seine schmutzige Socken auf den Boden wirft.

Als Obama ernsthaft erwog, für das höchste Amt des Landes zu kandidieren, stellte Michelle die mittlerweile berühmte Bedingung, er müsse zuerst das Rauchen aufgeben – eine lebenslange Angewohnheit, der er mal mehr, mal weniger frönte. Allerdings hatte er nach einer längeren Pause während des Wahlkampfs um den Senatssitz wieder damit angefangen. Er rauchte damals nur noch wenige Zigaretten am Tag und war einverstanden.

Michelle stellt auch sicher, dass ihr Mann nicht das Wesentliche aus den Augen verliert. Als er sie vom Kapitol aus einmal anrief, um mitzuteilen, dass er im Senatsausschuss für auswärtige Beziehungen einen Durchbruch für einen Gesetzesentwurf

„Das waren Paparazzi. Sehen Sie es sich einfach nicht an."

BARACK OBAMA ZU JOURNALISTEN, DIE IHN WEGEN DIESER FOTOS AUFZIEHEN WOLLTEN

Surfin' U.S.A.: An einem Tag am Strand von Hawaii – Barack Obama als kleiner Bengel (ganz links); Jahre später, an Weihnachten 2006, mit seinen Töchtern und einem Boogie-Board im Urlaub. Nur wenige Wochen darauf verkündete er, dass er versuchen wollte, auf eine Welle zu springen, die ihn, wie seine Anhänger hoffen, nach ganz oben spült.

„Euphorie liegt in der Luft. Die letzten sechs Jahre mussten wir ohne Hoffnung leben."

MIKE HUXTABLE AUS PORTSMOUTH IN NEW HAMPSHIRE WARTET AUF OBAMA

„Barack hat das bemerkenswerteste politische Talent, das ich seit 50 Jahren kennen gelernt habe", meinte ein Demokrat, der – wie so viele Obama-Anhänger – der Meinung ist, Obama (hier im Dezember 2006 bei einer Signierstunde, wo auch Buttons verkauft wurden) werde einen tollen Wahlkampf hinlegen. „Er versteht es, mit den unterschiedlichsten Leuten zurecht zu kommen", erklärt ein Anhänger. „Es entsteht immer eine Verbindung."

erreicht hatte, der den Schwarzmarkt im Waffenhandel unterbinden soll, unterbrach sie ihn – wie er sich in *Hoffnung wagen* erinnert –, als er gerade so richtig ins Schwärmen über seinen Triumph gekommen war.

„Wir haben Ameisen."

„Wie bitte?"

„Ich habe Ameisen in der Küche gefunden. Und oben im Badezimmer … Kannst du morgen auf dem Weg nach Hause etwas dagegen mitbringen?"

„Als ich auflegte", schreibt Obama, „fragte ich mich, ob auch Ted Kennedy oder John McCain etwas gegen Ameisen besorgen mussten, ehe sie nach Hause kamen."

Bis die Vorwahlen so richtig in Fahrt kamen, verbrachte Obama viele Wochen in einer kleinen Zwei-Zimmer-Mietswohnung an der Massachusetts Avenue. Wenn er in Washington war, nahm er nur selten an den glamourösen gesellschaftlichen Ereignissen auf Capitol Hill teil, sondern zog es vor, sich mit Kollegen über einem Bier oder bei einem Steak auszutauschen. Zur Entspannung benutzte er den Fitnessraum des Senats, spielte Basketball oder sah sich Spiele im Fernseher an. Häufig joggte er abends zum Washington Monument und manchmal bis zum Lincoln Memorial. Dort stand er dann an der Stelle, wo Martin Luther King 1963 seine berühmte Rede „I have a dream" gehalten hatte, die schimmernde Kuppel des Kapitol in der Ferne.

„Dort denke ich über Amerika nach und die Menschen, die es aufgebaut haben", schreibt er im Schlusskapitel von *Hoffnung wagen*. „Und über Männer wie Lincoln und King, die letztlich ihr Leben gaben, um eine größere Einheit herzustellen … Ich möchte ein Teil dieses Prozesses sein.

„Mein Herz ist voller Liebe für dieses Land."

„Er weiß, dass jetzt seine Zeit gekommen ist."

DER FRÜHERE SENATOR BOB KERRY ÜBER OBAMA

DER WEG ZUR PRÄSIDENTSCHAFT

6

eswegen stehe ich hier und heute vor Ihnen, im Schatten des Old State Capitol, wo Lincoln einst von der geteilten Kammer Einigkeit forderte und wo gemeinsame Hoffnungen und Träume noch etwas gelten. Deswegen stehe ich heute hier und möchte meine Kandidatur bekannt geben, Präsident der Vereinigten Staaten von Amerika zu werden."

Mit dieser Ankündigung vor einer jubelnden Menge startete Barack Obama an einem kalten strahlenden Februarnachmittag 2007 seinen Feldzug um eine geteilte Nation zu vereinen. Der Ort Springfield, die Hauptstadt von Illinois, war bewusst gewählt worden, wie Obama erklärte, denn hier hatte Lincoln 1858 seine berühmte Rede gehalten „Ein in sich geteiltes Haus kann nicht bestehen". Das Thema, das die Nation zu jener Zeit bis in ihre Grundfeste erschütterte, war die Sklaverei gewesen. Heute, meinte Obama, gäbe es neue Themen, die drohten, die Nation zu teilen. „Jeder von uns weiß,

15.000 Menschen ließen sich nicht durch die Eiseskälte abschrecken, um Obamas geschichtsträchtiger Bekanntgabe in Springfield, Illinois, beizuwohnen. Wie so oft im darauf folgenden Wahlkampf bezog er sich auf das Erbe Lincolns, dessen Kandidatur ebenfalls in Springfield begann. (Obama hält eine Rede vor dem Old State Capitol – links; eine junge Anhängerin in Springfield – rechts; Notenblatt von Lincolns Wahlkampf 1860 – unten)

welchen Herausforderungen wir uns stellen müssen— einem Krieg ohne Ende in Sicht, einer Abhängigkeit von Erdöl, die unsere Zukunft bedroht, Schulen, in denen zu viele Kinder nichts lernen, und Familien, die sich mit Not durchbringen, obwohl sie so hart arbeiten wie sie nur können."

Nachdem er die Probleme der Nation aufgezählt hatte, forderte Obama seine Landsleute auf, sich zu vereinigen und zusammenzuarbeiten, um gemeinsam Lösungen zu finden und so Lincolns Vision einer perfekter Union zu verwirklichen.

„Ich entscheide mich heute, für das Amt des Präsidenten zu kandidieren, weil ich zutiefst überzeugt bin, dass wir die Herausforderungen unserer Zeit nicht lösen können, wenn wir nicht zusammenstehen."

BARACK OBAMA

Während der Rede berief sich Obama immer wieder auf Illinois' größten Sohn, und die Menge antwortete ihm mit enthusiastischem Jubel.

„Als Lincoln seine Truppen gegen die Sklaverei formierte, soll er gesagt haben: ,Trotz fremder, uneiniger und sogar feindlicher Elemente haben wir uns aus den vier Himmelsrichtungen zusammengefunden, um eine Schlacht bis zum Ende zu führen.' Das ist auch unsere Aufgabe hier und heute. Deswegen nehme ich an der Wahl teil. Nicht um des höchsten Amtes Willen, sondern um mit euch zusammen diese Nation umzugestalten …

„Wenn ihr euch mit mir dieser ungeheuren Aufgabe stellt … dann bin ich bereit, den Kampf aufzunehmen, mit euch zu marschieren und mit euch zusammen zu arbeiten. Lasst uns von heute

an gemeinsam die Aufgaben angehen, die auf uns warten, um eine neue Ära des Friedens über diese Welt hereinbrechen zu lassen."

In Lincolns Heimat waren Obamas wiederholte Anspielungen auf den Mann, den er einmal als „großen, schlaksigen, durch eigene Kraft emporgekommenen Anwalt aus Springfield" beschrieb, nicht fehl am Platz. Zudem ließen sich gewisse Ähnlichkeiten zwischen den beiden Männern nicht leugnen. Trotz der offensichtlichen Unterschiede zwischen dem weißen 16. Präsidenten der USA, einem Republikaner, und dem Afroamerikaner, der hofft, der 44. Präsident zu werden, sahen viele im Publikum, dass es mehr Gemeinsamkeiten gab als nur ihren Körperbau, Beruf und Bundesstaat – Ähnlichkeiten, die Obama sicherlich bewusst unterstrich.

Wie Obama hatte auch Lincoln vier Amtszeiten in Illinois verbracht, ehe er für das höchste Amt kandidierte. Er wurde 1846 ins Repräsentantenhaus gewählt, wo er eine Amtszeit lang als Abgeordneter diente. Wie Obama war auch Lincoln ein Gegner des Krieges, der von einem unpopulären Präsidenten geführt wurde.

Obamas Opposition zum Irak-Krieg brachte ihm großes politisches Ansehen in Illinois, einem Staat, in dem der Krieg viele Gegner hatte. Lincolns harte Verurteilung des Präsidenten James Polks und seines Mexikanisch-Amerikanischen Krieges hatte hingegen zu Hause keinen Anklang gefunden, so dass er zu einer Wiederwahl 1848 gar nicht erst antrat. Zehn Jahre später stellte er sich für den U.S.-Senat zur Wahl, wobei die berühmte, von Obama erwähnte „Geteilte Haus"-Rede in Springfield den Auftakt zu seinem Wahlkampf bildete. Im Gegensatz zu Obama, der 2004 Senator wurde, verlor Lincoln jedoch. Zwei Jahre später kandidierte er trotzdem für das Präsidentschaftsamt. Sein Gegner in den Vorwahlen war der U.S.-Senator von New York, William H. Seward. Er war acht Jahre älter, ehemaliger Gouverneur von New York und amtierender Senator, der auf eine lange und herausragende Beamtenkarriere zurückblicken konnte. Zudem war er im ganzen Land bekannt.

Lincoln, der zwei Jahren zuvor bereits auf Landesebene gescheitert war, schien ein unwürdiger Gegner zu sein, ein Grünschnabel aus der Provinz, der zwar für seine Redekunst bekannt war, aber sonst nichts weiter zu bieten hatte. Seward war es ein Leichtes, seinen Mitanwärter als unfähig abzutun. Obwohl Lincoln nicht zu jung war, um Präsident zu werden (er kandidierte im Alter von 51 Jahren; Obama ist 47, wenn der nächste Präsident der Vereinigten Staaten im Januar 2009 eingeschworen wird), so besaß er angeblich doch nicht die nötigen Erfahrungen, um an der Spitze der Nation zu stehen – vor allem in einer solch kritischen Epoche ihrer Geschichte.

Trotzdem gewann Lincoln nicht nur die Vorwahlen, sondern wurde Präsident. 147 Jahre, nachdem Lincolns langer Weg zu seiner „ungeheuren Aufgabe" in Springfield begonnen hatte, musste sich Obama, ein „großer, schlaksiger" U.S.-Senator mit nur einer Amtszeit in der Tasche, ähnlichen Fragen hinsichtlich seiner Reife, Erfahrung und Fähigkeit als Präsident in Kriegszeiten gefallen lassen. Schon bald sollte die Senatorin von New York, Hillary Clinton, diese Zweifel formulieren, als sie seine größte Rivalin in den Vorwahlen wurde.

Es ist also nicht verwunderlich, dass sich Obama auf den großen Befreier in seiner Bekanntgabe berief, während die Menschen in Springfield wie aus einem Mund „Obama! Obama!" skandierten.

„Er hegte Zweifel. Er erlitt Niederlagen. Er musste Rückschläge einstecken. Doch sein Willen und seine Worte bewegten eine ganze Nation und halfen ihr, frei zu werden", sagte Obama über Lincoln.

Wie es so oft im folgenden Wahlkampf gab es auch hier viele Menschen, die von der Emotionalität

„Ich sehe ihn eher als einen Anführer und nicht als einen Boss", meinte Craigslist-Gründer Craig Newmark über Obama (hier am 10.2.2007 in Springfield). Ein Anführer inspiriert dazu, ihm zu helfen, ein bestimmtes Ziel zu erreichen, während ein Boss „sagt, was man tun soll, man das aber nur macht, weil es so im Vertrag steht".

seiner symbolhaften Rede mitgerissen wurden –
einer Rede, die aus dem Mund des Mannes kam,
der als erster Schwarzer Präsident der Vereinigten Staaten werden könnte. Einige Monate später,
sprach eine texanische Frau das aus, was so viele
Anhänger fühlten, wenn sie Obama während seines
Wahlkampfs zuhörten.

„Zu meinen Lebzeiten", sagte sie einem Reporter der *Washington Post*, „ist es auf einmal möglich, einen Afroamerikaner als Präsidenten der USA
zu haben. Meine Familie, meine Mutter, meine Tan-
ten, meine Onkel haben vielleicht auch die Chance,
dass es zu ihren Lebzeiten geschieht. Wenn ich
daran denke, könnte ich vor Freude weinen."

Nach seiner ersten Rede, mit der er seine
Kampagne begann, verließ Obama Springfield und
flog über den Mississippi nach Iowa, wo die Parteikonferenz der Demokraten fast ein Jahr später am
3. Januar 2008 abgehalten werden sollte.

Obama ließ so manchen Zuhörer zurück,
der von der Welle der Begeisterung ergriffen worden war. „Wir brauchen diesen Mann", meinte
einer mit starkem Chicagoer Akzent, als sich die

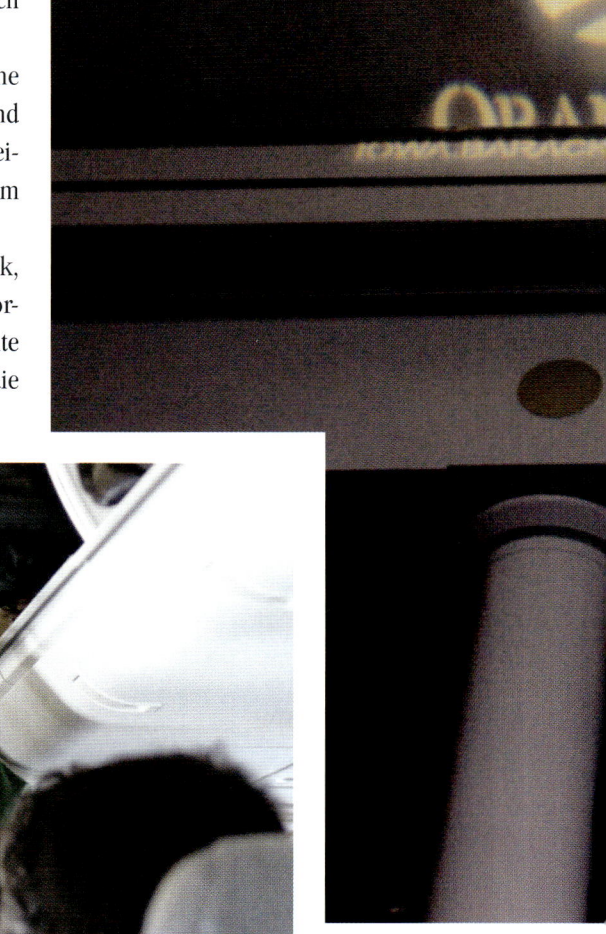

Obama (links) im Gespräch mit Journalisten auf dem Flug zu einer
Wahlkampfveranstaltung am 1.1.2008 in Sioux City, Iowa. Michelle
meinte: „Wenn Barack Iowa verliert, dann war alles nur ein Traum."
Obama (oben) auf Wahlkampftour am 2.1.2008 in Cedar Rapids,
Iowa, am Tag vor der Parteikonferenz.

Versammlung allmählich auflöste. „Unser Land braucht diesen Mann."

Ein anderer erklärte: „Ich gehe zu Fuß nach Iowa, wenn es sein muss, nur um diesem Mann zu helfen."

Obama selber musste natürlich nicht zu Fuß gehen. Doch trotz der überschwänglichen Euphorie seiner Anhänger standen seine Chancen nicht gut, als er sich nach Iowa aufmachte, das eine schwarze Bevölkerung von nur 2,5 % hat. Vier Monate alte Umfragen zeigten, dass ein großer Teil der Wahlberechtigten, nämlich 37 %, noch nie von Barack Obama gehört hatten. Unter den potentiellen Wählern der Demokraten sahen weniger als 10 % einen aussichtsreichen Kandidaten in ihm.

Hillary Clinton, ihrerseits vor der historischen Aufgabe, die erste Frau zu werden, die das Präsidentenamt bekleidet, galt als Spitzenkandidatin und war den meisten Wählern vertraut.

Im Verlauf ihrer Kampagne verfeinerte Hillary Clinton (hier wird sie von ihrem Mann bei einer Veranstaltung im Juli 2007 in Iowa angekündigt – links) ihre Webseite (unten). Doch zu Beginn hatte sie ziemlich zu tun, um mit Obama mitzuhalten, der Rekordspenden online sammelte. Seine Webseite (rechts) ist „viel dynamischer als die der anderen", erklärte die Medienprofessorin des Bentley College, Christine William, dem Magazin *Fast Company*.

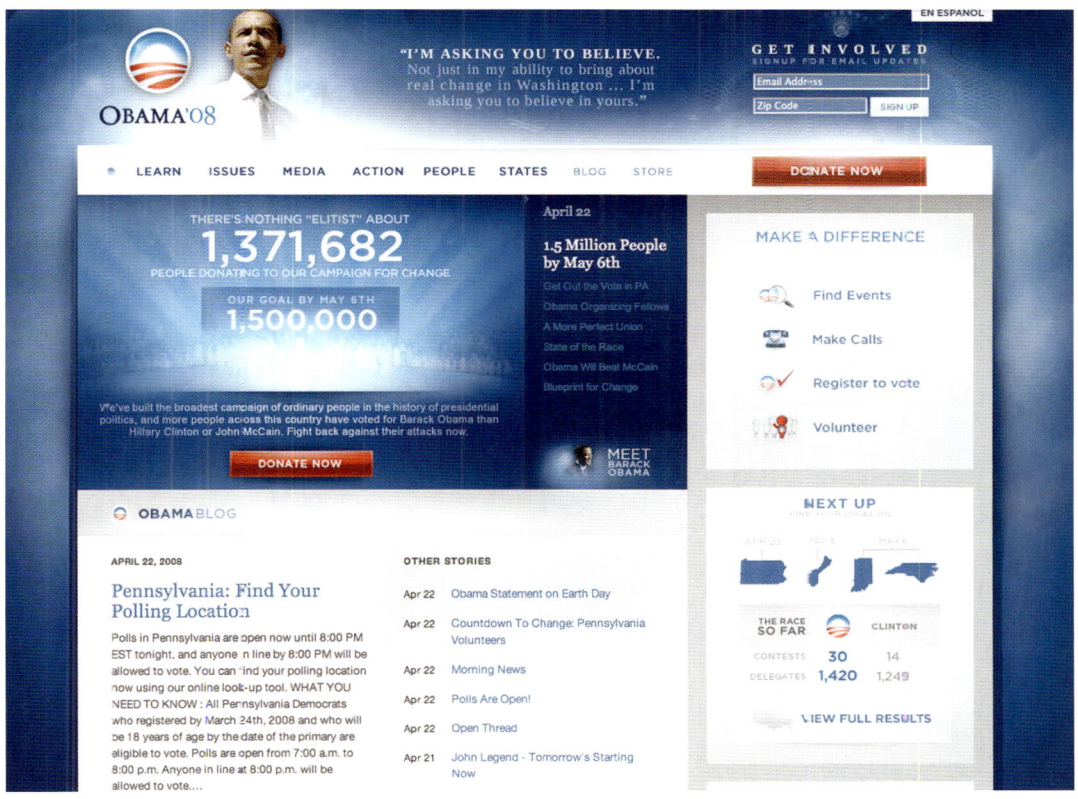

Im Herbst 2006, als Obama das ganze Land für die Zwischenwahlen und dann noch einmal für seine Lesereise durchquert hatte, erregte er immer mehr Aufmerksamkeit, vor allem als sich die Frage stellte, ob er sich als Präsidentschaftskandidat nominieren lassen würde. Nachdem er Reportern verraten hatte, dass er sich eine Kandidatur ernsthaft durch den Kopf gehen ließ, zeigten Umfragen, wie seine Popularität bei den Wählern sprunghaft anstieg.

Doch die hohen Erwartungen seiner Anhänger hatten wenig mit der Realität zu tun, wenn man der politischen Webseite *Political Arithmetic* glaubt, die Umfragen auswertet. Obwohl den Befragungen zufolge Obamas Popularität auf 17 % gestiegen war, meinte der Webseiten-Analytiker: „Eine vernünftige Interpretation dieser Daten besagt nur, dass das Interesse an Senator Obama zwar gestiegen sein mag, er aber noch weit von der Spitzenkandidatin Hillary Clinton entfernt ist, deren letzte Werte doppelt so hoch liegen."

Obama hatte nicht nur gegen die hervorragende Wahlkämpferin Hillary Clinton zu bestehen, sondern auch gegen den perfekt durchorganisierten Spendenapparat ihres Mannes. Die Clinton-Maschinerie war schon mehrmals getestet worden und hatte sich als unschlagbar herausgestellt – zweimal, als Bill zum Präsidenten gewählt und zweimal, als Hillary U.S.-Senatorin von New York wurde.

Wie Obama in einem Interview mit der *New York Times* offenbarte, stellte allein der Name seiner Kontrahentin, von den Demokraten hochgeschätzt, eine Herausforderung dar: „Wir kämpfen gegen die etablierteste Marke der demokratischen Partei in den letzten 20 Jahren."

Nichtsdestotrotz hatte Obama für seinen Wahlkampf bereits lange vor seiner öffentlichen Erklärung eine neue und andere Art der Organisation vorbereitet.

Zu seinem geschickten, anspruchsvollen und sehr effektiven Internetauftritt gehörten u. a. eine Besucher freundliche Webseite (barackobama.

com) und verschiedene Links zu Social-Networking-Webseiten, die zum Teil von Chris Hughes, dem Mitbegründer von *Facebook*, entwickelt worden waren. Obama fing zudem sofort an, seine Anhänger zu organisieren und Freiwillige samt Spendenteams in die Öffentlichkeit zu bringen – nicht nur auf die Maisfelder von Iowa, sondern in jeden Staat, in dem Parteikonferenz und Vorwahlen stattfanden.

Das *Time Magazine* bezeichnete das Internet im Wahlkampf 2008 als „die größte Veränderung für die nationale Politik seit dem Fernsehen. Für Millionen von Amerikanern ist der Präsidentschaftswahlkampf durch das Internet zu einem interaktiven Ereignis geworden. Jetzt haben alle die Chance, per Mausklick zu spenden oder sich als Helfer zu melden, auch wenn sie gerade zu Hause oder in einem Café sitzen."

Obamas Kampagne nutzte die Möglichkeiten der neuen Medien besser als jeder andere zuvor, verkündete das *Time Magazine*. Über die einfach zu handhabende Webseite konnten Anhänger Listen von Telefonnummern von vermutlichen Wählern downloaden, sich in Freiwilligen-Gruppen organisieren, die in den Bezirken um Stimmen warben, oder sich einfach treffen, um über Obama zu sprechen.

In einigen der Schlüsselstaaten, schrieb das *Time Magazine*, „existierte schon virtuell eine funktionierende Obama-Maschinerie, ehe die ersten professionellen Wahlkampfhelfer überhaupt eintrafen".

So berichtete auch die *Washington Post*, dass die zwei größten texanischen Online-Basisorganisationsnetzwerke – *Austin für Obama* und *San Antonio für Obama* – wie auch andere virtuelle Gruppen in anderen Großstädten bereits „am 10. Februar 2007, dem Tag von Obamas Bekanntmachung, dass er sich zur Wahl stellen würde, frei geschaltet wurden".

Wähler haben so die Möglichkeit, Obamas Standpunkte durchzugehen oder seine Reden auf seiner Webseite nachzulesen. Es gibt sogar einen Link, der zu dem Hit „Yes We Can" von Hip-Hop-Künstler und Obama-Anhänger Will.i.am auf YouTube verweist. Obama-Fans können auch Netzwerke ähnlich Gesinnter in *Facebook*, *LinkedIn* und *MySpace* finden. Eine Obama-Freiwillige erklärte der *Post*, dass das Internet nicht nur ihr bevorzugtes Medium sei, um die Wahlen zu verfolgen, sondern sogar das einzige. Sie könnte mit Nachrichten, die nicht interaktiv seien, nichts anfangen. Der einzige Anlass, den Fernseher anzuschalten, sei, um eine DVD anzusehen.

Für die Clinton-Kampagne bedeutete Obamas Tempo im virtuellen Raum, dass sie dringend nachziehen musste. Simon Rosenberg, ein Veteran der Wahlkämpfe von Bill Clinton und mittlerweile der Leiter des New Democrat Network, meinte zur *Post*, dass Hillary „noch im Stil des 20. Jahrhunderts wirbt – mit 30-Sekunden-Fernsehwerbungen, einer Veranstaltung und 200 Kindern in der Hauptzentrale".

Obamas Wahlkampf hingegen entspricht dem 21. Jahrhundert, wie die *Post* erklärte. „Durch das Internet arbeiten die Anhänger für ihre Kandidaten rund um die Uhr. Sie kontaktieren ihre Freunde auf verschiedenen Webseiten, verschicken Emails, schauen sich Videos an, drehen selbst welche und verbreiten sie dann online."

Auch Rosenberg meint: „Die Clinton-Wahlkampagne hat den Zeitgeist verpasst." Außerdem habe sie „die Reichweite Obamas unterschätzt und muss jetzt dafür Lehrgeld zahlen".

Die unglaublichen Möglichkeiten des Internets bei der Spendensammlung werden einem bewusst, wenn man sich die ersten Monate von Obamas Wahlkampf genauer ansieht.

In Iowa bestätigte sich rasch sein Ruf, Menschen aller Couleur anzulocken und zu begeistern.

„Yes We Can!" ist ein Song, den der Frontmann der Black Eyed Peas, Will.i.am (hier mit Ed Kowalczyk bei einer Obama-Veranstaltung) online zusammengemixt hat und der mit Hilfe von mehreren berühmten Musikern und Celebrities Obamas Wahlslogan vertont. Unabhängig produziert, kostete der Song „die Obama-Kampagne keinen Cent und wurde ein echter Hit", wie Ellen McGirt vom Magazin *Fast Company* feststellte.

Sowohl seine Anhänger als auch Neugierige strömten in Scharen zu seinen Reden. Jeder, der etwas mit Politik zu tun hatte, begriff, dass Obama nicht nur ein außergewöhnlicher Wahlkämpfer war, sondern auch ein inspirierender Redner. Ende Juni kam heraus, dass er auch ein Geldmagnet zu sein scheint.

Im ersten Vierteljahr 2007 meldete sein Büro Einnahmen von 24,8 Millionen Dollar – eine Summe, die aufhorchen lässt.

Bereits drei Monate später wurde bekannt gegeben, dass die ersten sechs Monate atemberaubende 58 Million Dollar eingebracht hätten – die größte Summe, die ein Kandidat innerhalb eines halben Jahres, in dem noch gar keine Wahlen stattfanden, jemals gesammelt hatte.

Es war eine wahre Spendenflut, von der, wie Obamas Kampagnenmanager David Plouffe meint, „keine Präsidentschaftswahlkampagne zu träumen gewagt hätte". Mehr als 250.000 Einzelspenden kamen zusammen. Viele stammten von jungen Leuten, die erfahren im Umgang mit dem Internet und zugleich politisch Neulinge waren, fügt Plouffe hinzu. Das Resultat zeige, „dass unsere Bewegung größer ist und tiefer reicht als alles, was die präsidiale Politik bisher gesehen hat".

Dabei befand sich Obama gerade mal in den Startlöchern. So beeindruckend die Zahl der Spender und die Summen auch sein mochten – das, was folgte, sollte alles bisher da Gewesene in den Schatten stellen.

Im Herbst 2006 glaubte Obama noch, dass es insgesamt „mindestens acht demokratische Kandidaten" geben würde, nachdem er angedeutet

„Wenn Hillary Clinton nominiert wird", meinte Obama zur *New York Times* (hier bei einer Fernsehdiskussuion mit Clinton in New Hampshire), „werden die Demokraten keinen Stimmenzuwachs haben. Ich bin überzeugt, dass ich auch Unabhängige und Republikaner anspreche, sie aber nicht."

hatte, seinen Namen in den Ring zu werfen: die Senatoren Clinton, John Edwards, Joe Biden, Christopher Dodd, den ehemaligen Senator Mike Gravel aus Alaska, den Kongressabgeordneten Dennis Kucinich aus Ohio und den Gouverneur von New Mexico, Bill Richardson. „Ich befürchte, es wird ziemlich verrückt zugehen."

Nach der ersten einer Reihe von öffentlichen Debatten war die Stimmung im Sommer 2007 in Obamas Wahlzentrale in Iowa alles andere als entspannt. Die Journalisten waren der Meinung, Obama hätte im April bei seiner ersten Diskussion in Orangeburg, South Carolina, keine gute Figur gemacht. Er hätte eine lahme Antwort auf die Frage gegeben, wie er auf einen plötzlichen Terrorangriff reagieren würde – so Karen Tumulty von *Time*. Er „klang eher wie ein Kandidat für die freiwillige Feuerwehr, [seine Antwort] konzentrierte sich ganz auf vorbeugende Maßnahmen".

Clinton jedoch, bemerkte Tumulty, „sprach wie ein echter Anführer: ‚Ich glaube, ein Präsident muss rasch handeln, wenn ein Vergeltungsschlag nötig ist'".

Trotz wiederholter Aufforderungen seiner frustrierten Mitarbeiter, sich gegen Clintons Angriffe zu wehren, er habe nicht die nötige Erfahrung und Reife, um die Last einer solchen Verantwortung zu tragen, weigerte sich Obama. „So bin ich nicht", erklärte er Beratern, die ihn anflehten, „härter zurückzuschlagen".

Tumulty schrieb in ihrem Artikel, dass „Obama mit seiner Unfähigkeit, die Aura von Hillary Clintons Vorherbestimmung und Unvermeidbarkeit auch nur anzukratzen, dazu verdammt ist, sich in die lange Liste demokratischer Aufrührer – wie Gary Hart, Paul Tsongas, Bill Bradley und Howard Dean – einzureihen". Die „Versprechungen einer neuen Art von Politik" dieser Kandidaten „waren kurz in Mode" betonte sie, „nur um von dem jeweiligen Spitzenkandidaten zu Staub zermalmt zu werden, der sich an die alten Regeln hielt".

In einem Interview mit der *New York Times* gab Obama zu, dass ihn sein Auftritt während der ersten Monate selbst enttäuscht habe. „Ich glaube, es war klar, dass mir das Format der ersten beiden Debatten nicht zusagte. Oder ich habe mich nicht an das Format angepasst."

„Wenn ich von einem echten Wandel spreche, der echte Auswirkung auf das Leben arbeitender Familien hat – ein Wandel, der das Gleichgewicht in unserer Wirtschaft wiederherstellen und uns auf den Weg des Wohlstands zurückführen wird –, dann ist das nicht nur die Floskel für eine Wahlkampagne. So führe ich mein Leben. Und Sie können sich darauf verlassen, dass ich vom allerersten Tag an, wenn ich das höchste Amt bekleide, so weiterleben werde."

BARACK OBAMA

Aber – fügte er hinzu – „ich bin nicht daran interessiert, Hillary Clinton zu zerfetzen. Ich finde, sie ist ein bewundernswerter Mensch [und] eine fähige U.S.-Senatorin … Das heißt allerdings nicht, dass wir uns beide nicht gegen Angriffe wehren."

Obamas Höflichkeit wurde von vielen Zuschauern als Distanziertheit verstanden, als würde er über den Dingen schweben. Ein Topberater verriet *Time*, dass im Sommer 2007 eine gewisse „Panik" unter Obamas Beratern herrschte. „Sie wollten ihn dazu bringen, ‚anzugreifen'."

Im Herbst tat er das endlich. In Reden und Interviews fing er an, zu erklären, warum Clinton

und nicht er im November 2008 als unwählbar gelten würde. Gegenüber der *New York Times* meinte er, Hillary Clinton würde nicht die nötige Veränderung herbeiführen, die von Wählern so verzweifelt gefordert wurde. „Ich glaube nicht, dass die Bevölkerung versteht, was sie eigentlich will", sagte er. „Es gibt eine Tendenz bei ihr, ihre Position immer wieder zu ändern."

Ähnlich offensiv machte er weiter und warf seiner Gegnerin vor, eine „Politik des ständigen

Lavierens, bestimmt von Umfragewerten", fort-
zuführen, die schon die Ära ihres Mannes in
den neunziger Jahren geprägt habe. Obama ging
besonders auf den Irakkrieg ein, den Clinton nie
klar verurteilt hatte. „Ich glaube, sie hat falsch

„Barack Obama besitzt drei Dinge, die jede erfolgreiche Marke
braucht", erklärte Marketing-Direktor Keith Reinhard dem Magazin
Fast Company. „Er ist neu, anders und attraktiv. Besser geht es
nicht." – Hier Obama während der ersten demokratischen Debatte
in South Carolina am 26. April 2007.

„Ich glaube, dass die derzeit größte Aufgabe darin besteht, die Gefahren im Ausland zu bannen", meinte eine New Yorkerin, die von Clinton zu Obama (hier in South Carolina) wechselte. „Es ist viel schwieriger für Osama bin Laden, Jugendliche in Pakistan davon zu überzeugen, ein Land zu hassen, das einen schwarzen Mann mit afrikanischem Namen als Präsidenten hat. ‚Tod den USA?' Kann ich mir dann nicht mehr vorstellen."

„Ich glaube nicht, dass wir so gespalten sind, wie uns das die Politik vormacht. Der Traum, den wir alle träumen, ist mächtiger als die Unterschiede, die uns trennen. Ich bin der lebendige Beweis dafür."

BARACK OBAMA

Sein Sieg in Iowa „war ein entscheidender Augenblick in der Geschichte", jubelte der ehemalige Außenseiter in Des Moines am Abend der ersten Parteikonferenz (hier mit Frau Michelle und Töchtern Malia (links) und Sasha – links). Am nächsten Tag hielt Clinton (rechts) eine Rede in New Hampshire, wo ihr Sieg in der folgenden Woche ihren Wahlkampf wieder belebte.

gelegen, was das größte außenpolitische Desaster dieser Generation betrifft, und ich richtig", erklärte er der *Times*.

Obamas plötzliche Angriffslust ergriff auch seine Mitarbeiter. „Ich kann in ihm eine neue Begeisterung erkennen", erzählte Kampagnenstratege David Axelrod dem Magazin *Time*. „Ich spüre diese unglaubliche Konzentration, Energie, Scharfsinnigkeit und Freude, [die er bisher vermissen ließ]. Er ist jetzt voll dabei."

Während die Wähler positiv reagierten und ihm ihre Stimmen gaben, so dass Clintons Mehrheit allmählich schwand, warnten ihn die Parteigrößen. „Er muss sehr vorsichtig sein, wie er sie angreift", meinte die ehemalige Kampagnenmanagerin Al Gores, Donna Brazile, gegenüber *Time*. „Ich glaube nicht dass [Obamas] Wahlstrategen wissen, wie hart und unerbittlich die Clintons kämpfen werden, wenn sie der Meinung sind, man wolle ihnen ihr Geburtsrecht nehmen. Ich bin mir nicht sicher, dass Obama dafür bereit ist."

Nach einer Debatte, in der alle Kontrahenten scheinbar gemeinsam auf sie losgegangen waren, beschwerte sich Clinton bei Katie Couric von CBS, dass die Presse den anderen Kandidaten und insbesondere Obama „freie Hand lässt", um sie zu unterminieren. „Wenn man so häufig von so vielen attackiert wurde wie ich, kann man das nicht einfach wegstecken. Man muss darauf antworten."

Der Schlagabtausch, der sich über die nächsten Monate erstrecken sollte, hatte begonnen. Er sollte den Wahlkampf – je nach Sicht und Standpunkt – beleben oder auch schädigen. Als Clinton behauptete, im Falle ihres Sieges keine Einarbeitungszeit für die Wirtschaftspolitik zu brauchen,

konterte Obama: „Ich habe kein Problem damit, meine ökonomischen Erfahrungen mit ihren zu messen. So weit ich weiß, war sie nie Finanzministerin der Clinton-Regierung."

Clintons Team spottete über Obamas neue Taktik. „Er hat die Politik der Hoffnung bereits verschrottet", meinte Clinton-Sprecher Howard Wolfson gegenüber *Time*. „Dabei basierte doch sein ganzer Wahlkampf darauf."

Obama antwortete in der *Times*: „Ich muss immer wieder schmunzeln, wenn ich die Kommentare aus der Clinton-Ecke lese. Jedes Mal, wenn wir auf einen Unterschied zwischen ihr und mir hinweisen, heißt es: ‚Was ist mit der Politik der Hoffnung passiert?' Das ist natürlich albern. Ich bin nicht der Ansicht, dass eine andere Art des Umgangs automatisch bedeuten muss, sich alles gefallen zu lassen und uns an den Händen zu fassen und ‚Kumbaya' zu singen. So funktioniere ich nicht. Hoffnung bedeutet nicht, Unterschiede einfach zu ignorieren oder Probleme."

Umfragen zeigten, dass Obama Clinton in Iowa zu überrunden begann und auch in New Hampshire rasch aufholte, wo der Parteiausschuss am 8. Januar, nur fünf Tage nach Iowa, stattfinden sollte. Sein Team führte in der letzten Woche im Jahr 2007 einen heftigen Wahlkampf in beiden Staaten. Eine Armee Freiwilliger machte jeden Abend rund 10.000 Anrufe. Mitglieder der Demokraten wurden dazu angehalten, am Abend der Parteikonferenz ihre Stimme für Obama zu erheben und für ihn zu plädieren. Obama glaubte, es würde sehr knapp werden, weshalb er vorsichtshalber in jedem Ort, wo er eine Wahlkampfveranstaltung abhielt, die Wahlorganisatoren, Bezirksheriffe und andere städtische Beamten vorher anrief.

Am Ende des Jahres 2007 war der Wahlkampf schon fast ein Jahr alt. Obama und seine demokratischen Gegner hatten an zehn Fernsehdebatten teilgenommen, sieben weitere waren für Januar und Februar 2008 geplant. „Wir haben bereits zwei Halbzeiten gespielt, aber jetzt fängt es erst richtig an", meinte Obama-Berater David Axelrod gegenüber der *New York Times*.

Das ursprünglich recht gemächliche Tempo der Vorwahlen in Iowa und New Hamsphire machte nun einem wahren Schnellfeuer Platz, als Wähler aus mehr als 30 Staaten innerhalb der ersten fünf Kalenderwochen des neuen Jahres an die Urnen sollten.

„Jetzt", erklärte Axelrod, „ist es so weit: Wir haben ein ganzes Jahr lang Wahlkampf geführt, und

---

Laut seiner Anhänger ist Obama (hier bei einer Wahlkampf-veranstaltung im Februar 2008 in New Jersey, am Abend vor Super-Tuesday – unten) mit seinem elektrisierenden Charme wie kein anderer Politiker seit John F. und Bobby Kennedy dazu fähig, mit den Wählern zu kommunizieren. Als sich der jüngere Bruder der beiden, Teddy Kennedy (hier in Washington am 28. Januar 2008, rechts), hinter Obama stellte, lobte ihn dieser als „Löwe des Senats" und „ein Kämpfer für die arbeitenden Amerikaner, ein leidenschaftlicher Befürworter der allgemeinen Krankenversicherung und ein unermüdlicher Fürsprecher einer guten Bildung für jedes Kind in diesem Land". Die Republikaner werden Obamas Rede auf Kennedy sicher nutzen, um ihn als zu links für die politische Mitte zu porträtieren.

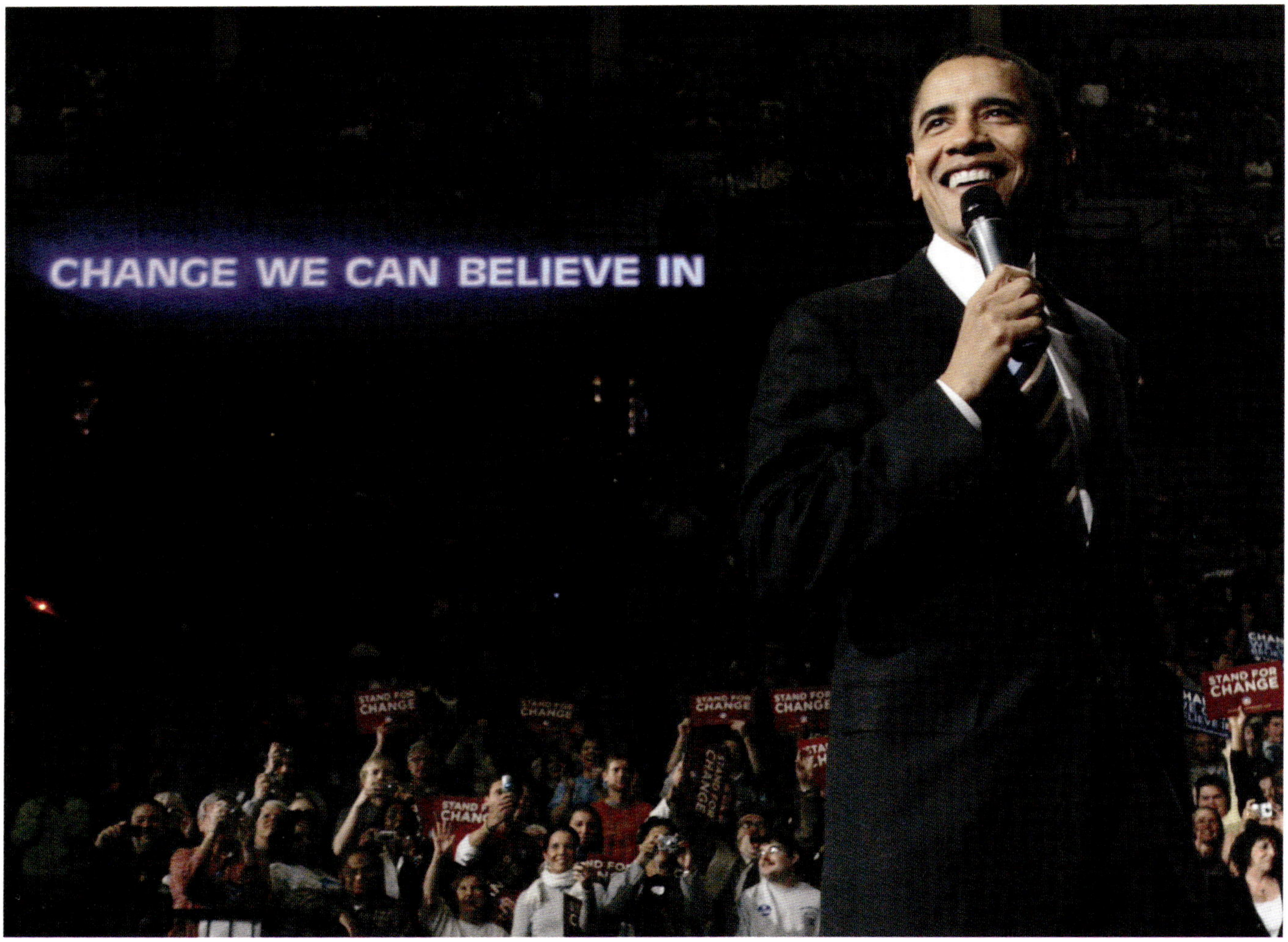

CHANGE WE CAN BELIEVE IN
STAND FOR CHANGE

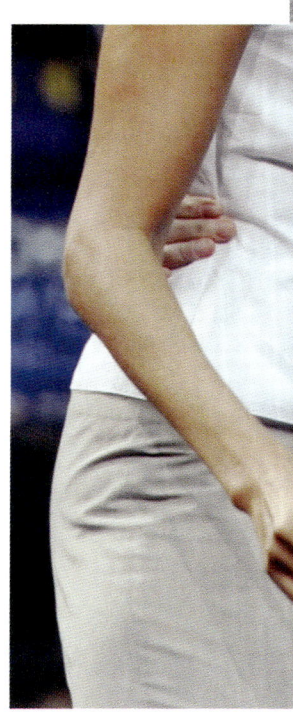

nun passiert alles innerhalb weniger fieberhafter Wochen.“

Als *Time* versuchte, Obama dazu zu verführen, den „langen und brutalen“ Auswahlprozess zu kritisieren, antwortete er, dass er damit keine Probleme hätte.

„Letztlich offenbart dieser Prozess die charakterlichen Eigenschaften und das Urteilsvermögen der Kandidaten“, sagte er. „Zusammen mit einer Zukunftsvision sind das die wichtigsten Attribute einer Präsidentschaft. Es stellt sich die Frage, ob man weiß, welche Richtung man einschlägt, ob man über das nötige Urteilsvermögen verfügt, um zu begreifen, was für die Nation wichtig ist. Und ob man die Charakterstärke besitzt, alles zu meistern, was sich einem in den Weg stellt und auch wieder aufzustehen, wenn man einen Schlag bekommt."

Die ersten Monate des unerbittlichen Wahlkampfs waren eine harte Prüfung, die zeigte, welche Antworten Obama auf die von ihm gestellten Fragen geben würde.

Nach elf aufreibenden Monaten ununterbrochener Kampagnen hatte das Jahr der Wahl endlich angefangen. Für Obama und seine Anhänger

begann es mit einem stürmischen Sieg in Iowa am 3. Januar.

Sein überzeugender Sieg in dem hauptsächlich von Weißen bevölkerten Iowa offenbarte – laut

20.000 Menschen begrüßten Obama in Minnesota, links, während Caroline Kennedy, Kaliforniens First Lady Maria Shriver und Oprah Winfrey bei einer Wahlkampfveranstaltung am 3. Februar 2008 in Los Angeles zu Michelle Obama auf die Bühne traten.

Eugene Robinson, einem Reporter der *Washington Post*, – „das Amerika, in dem wir leben wollen".

„Es war ein Moment, in dem man eine Gänsehaut bekam – die jubelnde Menge, die vielen Transparente, der Kandidat mit seiner Familie, der am Abend dieses überwältigenden Auftaktsieges an Kennedy erinnerte."

„Man hat behauptet, dieser Tag würde nie kommen", verkündete Obama in seiner Siegesrede. Tatsächlich war ihm vor sieben Jahren geraten worden, seine politische Karriere nach den Terrorangriffen des 11. September 2001 an den Nagel zu hängen. Amerikanische Wähler, so hieß es damals, würden niemals einen Mann wählen, der Barack Hussein Obama hieß – weder als Dorfvorstand noch als Präsident der USA.

Die Entscheidung der Wähler von Iowa, ihn auf den Weg zu diesem großen Ziel zu schicken, stellte laut Obama „einen ausschlaggebenden Augenblick in der [amerikanischen] Geschichte" dar.

Doch die erste Euphorie über den Sieg verrauchte rasch im kalten New Hampshire. Fünf Tage später gewann Hillary Clinton genauso überraschend in einem Staat, von dem Meinungsforscher angenommen hatten, Obama würde ihn auf der Woge seines Sieges in Iowa gleich mitnehmen. Stattdessen deuteten Befragungen darauf hin, dass Hillary von „einem Zustrom weiblicher Wähler" profitierte, der durch eine offene und emotional ehrliche Auseinandersetzung am Vorabend ausgelöst worden war.

Danach schwang das Pendel der Zustimmung zwischen den beiden Kandidaten wie ein Metronom hin und her. Die ehemalige First Lady gewann an Zuspruch, der zu zwei Wahlsiegen in Michigan und Nevada führte, ehe Obama mit einem „eindrucksvollen Sieg" – so die Presse – in South Carolina zurückschlug.

„Wir verlassen diesen großartigen Staat mit viel Wind in den Segeln", jubelte er.

Der schien erst einmal anzuhalten. Nur wenige Tage später stellte Senator Ted Kennedy in einer emotionalen Pressekonferenz den U.S.-Senator für Illinois mit seinem ermordeten Bruder JFK, mit dem Obama schon so oft verglichen wurde, auf eine Stufe. „Es gab eine Zeit, als sich ein anderer junger Kandidat für das Amt des Präsidenten zur Wahl stellte und Amerika aufforderte, einen Schritt nach vorne zu tun", sagte Kennedy mit JFKs Tochter Caroline an seiner Seite. Er erinnerte an die Themen seines verstorbenen Bruders. „Er musste Kritik von einem früheren demokratischen Präsidenten einstecken, der in der Partei sehr angesehen war. John antwortete: ‚Die Welt befindet sich in einem ständigen Wandel. Die alten Pfade sind ausgetreten. Es ist Zeit für eine neue Führungsgeneration.'

„Und so ist es auch bei Barack Obama."

Trotzdem sollte Obamas Vorankommen erneut ins Stocken geraten.

Die entscheidende Machtprobe am 5. Februar 2008 – auch bekannt als Super Tuesday –, als Wähler von mehr als 20 Staaten und Protektoraten an die Urnen traten, brachte keinen klaren Sieger hervor. Als sich der Nebel allmählich lichtete, stand fest, dass Clinton den größten Preis gewonnen hatte – Kalifornien. Zudem hatte sie Massachusetts genommen und zwar trotz der Unterstützung der Kennedy-Familie für Obama. Doch beide Kandidaten konnten punkten. Obama gewann mehr Staaten, nämlich 13, während Clinton acht bekam. Die Senatorin verschaffte sich jedoch einen kleinen Vorteil, weil sie die Schlacht um die Abgeordnetenstimmen mit 892 anführte, wohingegen Obama 716 für sich verbuchen konnte. Doch keiner der Kandidaten war auch nur in Reichweite der 2025 Stimmen gelangt, die nötig sind, um die Nominierung für sich zu entscheiden.

Während der nächsten Wochen schien das Pendel wieder in Obamas Richtung zu schwingen. Wo er auch auftrat, zog er große Mengen an. Anhänger mit „Barack 'n Roll"-Buttons wiesen auf die schon so oft zitierte Parallele zwischen Obamas Auftritten und denen „eines Rockstars" hin, was wiederum gerne von der Presse aufgenommen wurde. Es passte also, als Obama am 10. Februar seinen zweiten Grammy für die Hörbuchversion seines

Kurz vor der entscheidender Vorwahl in Pennsylvania schien Obama (hier mit Stahlarbeitern in Pennsylvania) bei weißen Männern laut Umfragen nicht nur hinter Clinton, sondern auch hinter McCain zu liegen. Der Republikaner hatte nach dem Magazin *New York* in den ganzen USA einen Vorsprung von 57 zu 33 %.

Buches *Hoffnung wagen* entgegennahm. Am Ende des Monats hatte er 11 weitere Vorwahlen für sich verbucht und lag auch im entscheidenden Rennen um die Abgeordnetenstimmen vorne.

Nun kamen die Staaten Texas und Ohio an die Reihe, wo am 4. März das Drama ein Ende finden und die Entscheidung gefällt werden sollte, wie die Experten meinten. Obamas Anhänger hatten sich mittlerweile in eine Art religiöse Ekstase geredet. So meinte ein Freiwilliger in Texas zur *Washington Post*: „Ob er nun die Nominierung gewinnt oder nicht, ob er es ins Weiße Haus schafft oder nicht – wir sind auf jeden Fall eine Bewegung. Man kann von einer Bewegung sprechen, wenn man emotional involviert ist, und das bin ich."

John Lewis, Kongressabgeordneter für Georgia, der am Vorabend der Wahlen Clinton seine Unterstützung entzogen und Obama zugesagt hatte, meinte: „Sein Aufstieg ist die überwältigendste und aufregendste politische Bewegung, die ich je erlebt habe." Das war wahrhaftig ein großes Lob, kam es doch von einem Mann, der als einer der Anführer der Bürgerrechtsbewegung der sechziger Jahre aktiv gewesen war.

Aber als die Stimmen gezählt waren, hatte Clinton sowohl Texas als auch Ohio für sich entschieden. „Kein Kandidat – ob Demokrat oder Republikaner – hat es in der modernen Geschichte bis zum Weißen Haus geschafft, ohne Ohio zu gewinnen", verkündete Clinton in ihrer Siegesrede.

Trotz der Niederlagen führte Obama jedoch dank eines Siegs in Vermont und eines Teilsieges in Texas weiterhin bei den Abgeordnetenstimmen an.

Einige Tage nach dieser Vorwahl veröffentlichte die staatliche Wahlkommission Zahlen, die offenbarten, dass Obama in anderer Hinsicht klar vorne lag – bei den Spenden.

Seine Kampagne brachte allein im Februar atemberaubende 55 Millionen Dollar ein – ein Rekord, den noch niemand erreicht hatte. Erneut bewiesen diese Summen das Spendenpotential für den Obama-Wahlkampf, dessen Schatztruhe im

Eine Kontroverse, die durch einige hitzige Bemerkungen des Pfarrers Jeremiah Wright (mit Obama 2005) am Abend vor den Vorwahlen in Pennsylvania entstand, wurde rasch von konservativen Angriffsspezialisten ausgenutzt. So wurde auf YouTube ein Anti-Obama-Video mit einem Soundtrack veröffentlicht, auf dem Wrights Schimpftiraden mit markigen Hip Hop-Klängen der Public Enemy unterlegt waren. „Bereiten Sie sich auf weitere Angriffe aus der Schattenwelt der 527 vor, welche sogar die ‚Swift Boat Veterans for Truth' alt aussehen lassen", schrieb John Heilemann für *New York.* Er bezog sich auf eine Gruppe mit viel Geld, die John Kerrys beispielhafte Leistungen im Vietnamkrieg für die Wahl 2004 in Verruf bringen sollte.

Februar von 727.972 Einzelspendern gefüllt war. Laut der *Los Angeles Times* gab es insgesamt fast 1,5 Millionen Einzelspender für die Obama-Kampagne – eine weit größere Zahl als die der anderen Kandidaten.

Die folgenden Siege in Wyoming und Mississippi brachten Obama weitere Zusagen der so genannten *Superdelegates*, mehrerer Stars der Partei und gewählter Parteifunktionäre ein. Ihre Stimmen konnten ausschlaggebend sein, wenn es darum ging, welcher Kandidat die Nominierung der Demokraten während der Vollversammlung im August erhalten würde.

Wieder schien das Pendel in Richtung Obama auszuschlagen. Nun hatten er und Clinton Pennsylvania im Visier, die letzte große Vorwahl vor der Vollversammlung, vielleicht sogar die entscheidende.

Doch da ballte sich ein politischer Wirbelsturm über Obama zusammen. Ausgelöst wurde er durch eine Reihe von Predigten, die der Reverend Jeremiah Wright kurz nach 9/11 in der Trinity United Church von Chicago gehalten hatte. „Gott verdamme Amerika", konnte man Wright immer wieder auf den Tonbändern wettern hören, die ununterbrochen im Fernsehen abgespielt wurden.

Die Schockwellen drohten Obamas Wahlkampf entgleisen zu lassen, der bis dahin für seine Effizienz und gute Organisation gelobt worden war.

Obama antwortete mit einer bewegenden und schlagkräftigen Rede, in der er die Kontroverse um Wright nutzte, um über Rassen und Rassismus zu sprechen.

Während er Wrights Worte verurteilte, führte er sie auf die tief sitzenden Wunden, auf die Bitterkeit und Wut zurück, die durch das schreckliche Vermächtnis der Sklaverei und der Rassentrennung noch immer von vielen Schwarzen verspürt würden. Für Wright und seine Generation „haben sich die Erinnerungen an Demütigung, Zweifel und Angst nicht einfach in Luft aufgelöst", sagte er.

Weiße Amerikaner sollten sich dessen bewusst sein – genauso wie sich Schwarze vor Augen halten sollten, dass Weiße auch bitter reagieren, „wenn ihnen gesagt wird, dass ihre Kinder den Schulbus durch die ganze Stadt nehmen müssen; wenn sie erfahren, dass ein Afroamerikaner bevorzugt wird, wenn es darum geht, einen guten Job zu bekommen … Wenn sie hören, dass ihre Angst vor der Kriminalität in den Städten etwas mit Vorurteilen zu tun haben soll".

Die viel beachtete, hochgelobte Rede ließ Obamas Kritiker zumindest vorerst verstummen und bog die Katastrophe noch einmal ab. Aber Obama und seine Anhänger konnten sich der Ironie des Ganzen nicht verschließen: Der Wahlkampf, den Obama vor einem Jahr mit Lincolns Rede „Ein in sich geteiltes Haus kann nicht bestehen" angefangen hatte, wurde nun durch das explosive Thema des Rassismus bedroht, eines Rassismus, dessen Wurzeln untrennbar mit dem verwoben sind, was Lincoln 150 Jahre zuvor in Springfield angesprochen hatte – die Sklaverei.

Kaum hatte sich Obama erholt, drohte eine neue Kontroverse. Das Thema war das gleiche. Während einer Wahlkampfveranstaltung in San Francisco sprach er über die Verbitterung arbeitender Weißer, deren Unmut und Frustration sich darin ausdrücke, dass sie sich „an Waffen oder an Religion oder an ihre Abneigung denjenigen gegenüber klammern, die nicht so sind wie sie".

Hillary Clinton war nicht die Einzige, die diese Äußerungen Obamas verurteilte. Auch Obamas Parteigenossen und Kommentatoren von beiden Seiten

des politischen Spektrums waren der Meinung, dass er bewiesen habe, wie elitär und realitätsfremd er in Wahrheit sei, wenn es um die Gefühle und Sensibilitäten der arbeitenden Klasse ging.

> **„Obwohl das manche meiner weißen und schwarzen Kritiker behaupten, bin ich nie so naiv gewesen, anzunehmen, wir könnten die Kluft, die sich durch die Rassenproblematik durch unser Land zieht, innerhalb einer Amtsperiode oder sogar einer einzigen Kandidatur schließen – vor allem nicht mit einer so unvollkommenen Kandidatur wie der meinen."**

BARACK OBAMA

„Nein, ich weiß durchaus, was los ist", erklärte Obama während einer Wahlkampfveranstaltung, nachdem John McCain ihn ebenfalls angegriffen hatte. „Ich weiß genau, was läuft. Die Leute sind verdrossen, wütend, frustriert und verbittert. Sie

Von amerikanischen Flaggen flankiert hielt Obama am 18. März in Philadelphia eine bewegende und einfühlsame Rede. Sie rettete ihn vor der Krise, in die ihn Reverend Wrights Predigten gestürzt hatten. Doch bereits im April, nachdem er sich von seiner Niederlage in den Vorwahlen von Pennsylvania erholt hatte und vor den ausschlaggebenden Vorwahlen in Indiana und North Carolina stand, wiederholte Wright seine kontroversen Aussagen in einer von den Medien begleiteten Pressetour. Obama entgegnete ihm am 29. April mit einer stürmischen Rede, in der er die Äußerungen des Pfarrers, der die Obamas verheiratet und ihre Kinder getauft hatte, als „polarisierend und destruktiv" verurteilte, als „eine Beleidigung all dessen, was wir zu vermitteln versuchen". Diese Distanzierung beschwichtigte die Kritiker, die durch die Verbindung zu Wright an Obamas Patriotismus und Urteilsvermögen gezweifelt hatten.

Nachdem John McCain die Nominierung seiner Partei in Florida (oben) gewonnen hatte, zeigten sich die Republikaner über den immer schärfer werdenden Kampf zwischen Obama (hier bei einer Wahlkampfveranstaltung in Texas – rechts) und Clinton schadenfroh. „Die Demokraten gehen auf Selbstzerstörungskurs", meinte ein republikanischer Stratege zu Heilemann vom Magazin *New York*. „Sie sind damit beschäftigt, Obama zu zerlegen. Es ist so ähnlich, wie wenn man den Weihnachtsmann am ersten Weihnachtstag umnieten würde. Die Kinder würden das weder vergessen noch verzeihen." Der republikanische Guru Karl Rove sagte in einer Rede im März: „Ungefähr doppelt so viele Demokraten unterstützen McCain wie Republikaner Obama. Und ungefähr dreimal so viele Demokraten unterstützen McCain wie Republikaner Clinton. Die Medien berichten über nichts anderes als über die ‚Obamacans' … Die wahre Erfolgsstory sind aber die ‚McCainocrats.'"

wollen, dass sich in Washington etwas ändert. Und deshalb kandidiere ich auch für das Amt des Präsidenten."

Ob er es schaffen wird oder nicht, eines ist jetzt schon sicher: Obamas Wahlkampf – in dem der Sohn einer Weißen und eines Schwarzen die Menschen wie Lincoln dazu auffordert, die guten Seiten des amerikanischen Wesens zu vereinen und so eine perfektere Einheit zu formen – hat der amerikanischen Politik ein packendes und dramatisches Kapitel hinzugefügt.

In Suaheli, der Sprache von Obamas Großvater, bedeutet Barack „gesegnet" oder „von Gott gesegnet". Auf Hebräisch heißt es „Lichtblitz", wie Obama einmal gesagt hat.

Als was sich Barack Obama auch entpuppen wird – als neuer Präsident der Vereinigten Staaten oder nur als ein kurzer Blitz am Himmel: Jedenfalls hinterlässt er ein Gefühl der Hoffnung, des Idealismus und des Vertrauens in ein Amerika der Verheißung.

Auf dem Weg zu den Vorwahler in Indiana und North Carolina und mit den Augen auf die Zielgerace gerichtet – die Nominierung bei der Vollversammlung in Denver im August – bat Obama die Wähler, sich nicht von dem ganzen Trubel beeinflussen zu lassen. Sie sollen vielmehr auf die wichtigen Themen achten, die ihre Nation an diesem kritischen Zeitpunkt in ihrer Geschichte bewegen. „Man wird Ihnen sagen, dass es nicht zu schaffen ist", sagte er am 29. April 2008 in einer typischen Wahlkampfrede in Wilson. Darin forderte er Steuerbegünstigungen für arbeitende Familien statt für große Konzerne, eine bessere Gesundheitsvorsorge und Bildung, öffentliche Projekte zur Arbeitslosenbekämpfung und den Neuaufbau der gefährlich vernachlässigten Infrastruktur. „Wir können es uns nicht leisten, zu warten, um die Schulen wieder aufzubauen. Wir können nicht darauf warten, bis unser Gesundheitssystem überholt wurde. Wir können nicht warten, bis gute Jobs gutes Geld einbringen. Wir können nicht warten, um unsere Infrastruktur neu aufzubauen. Wir können nicht auf eine solide Energiepolitik warten. Wir können nicht warten, bis der Krieg im Irak abklingt. Wir können nicht warten. Und deshalb habe ich mich entschieden, für das Amt des Präsidenten der Vereinigten Staaten von Amerika zu kandidieren."

Seite 6: Reuters/Kevin Lamarque/Landov

Seiten 8–9: AP/M. Spencer Green (links); Aurora Photos/Samantha Appleton (Mitte); AP/M. Spencer Green (oben rechts)

Seiten 10–11: Reuters/Mike Segar/Landov (links); AP/Charlie Neibergall (Mitte); AP/Ron Edmonds (rechts)

Seiten 12–13: AP/Chicago Tribune/Nancy Stone (oben links); Reuters/John Gress/Landov (unten links); AP/Susan Walsh (Mitte)

Seiten 14–15: AP/J. Scott Applewhite (links); Reuters/John Gress/Landov

Seiten 16–17: AP/Jeff Roberson

Seiten 18–19: AP/Kiichiro Sato (links); AP/Rob Carr (rechts)

Seiten 20–21: AP/Evan Vucci

Seite 22: UPI/Roger L. Wollenberg/Landov

Seiten 24–25: AP/Michael A. Mariant (unten links); AP/Mannie Garcia (Mitte); Reuters/Fred Prouser/Landov (oben rechts); UPI/Dennis Brack/Landov (unten rechts)

Seite 26: AP/M. Spencer Green

Seite 29: AP/Nam Y. Huh

Seiten 30–31: AP/Manuel Balce Ceneta (unten links); Aurora Photos/Callie Shell (oben links); AP/Pablo Martinez Monsivais (unten rechts)

Seite 33: AP/Manuel Balce Ceneta (oben); Aurora Photos/Callie Shell (unten rechts)

Seite 35: UPI/Brendan Smialowski/Landov

Seiten 36–37: AP/Sayyid Azim (links); Reuters/Radu Sigheti/Landov (Mitte); AP/Sayyid Azim (oben rechts)

Seite 38: Reuters/Radu Sigheti/Landov (unten links); AP/Sayyid Azim

Seiten 40–41: Jeff Widener

Seite 42: Polaris

Seiten 44–45: Associated Press (links); Polaris (rechts)

Seiten 46–50: Jeff Widener

Seite 52: Associated Press

Seiten 54–59: Jeff Widener

Seiten 60–61: Joseph White (links); AP/Tina Fineberg (oben links); Bloomberg News/Jennifer S. Altman/Landov (Mitte)

Seiten 64–65: AP/M. Spencer Green

Seite 67: AP/Nam Y. Huh

Seiten 68–69: Polaris (links); AP/Sayyid Azim (Mitte); AP/Karel Prinsloo (unten rechts)

Seiten 72–73: AP/Chitose Suzuki (oben links); Polaris (Mitte und rechts)

Seiten 74–75: AP/Ron Edmonds (links); Newhouse News Service/Landov (oben rechts); AP/Steve Matteo (rechts)

Seite 76: AP/Charlie Neibergall (oben); AP/Ed Reinke (unten)

Seiten 78–79: AP/M. Spencer Green

Seite 80: AP/M. Spencer Green (oben links); AP/State Journal Register/Kevin German (unten rechts)

Seiten 82–83: AP/Jeff Roberson (links); Aurora Photos/Samantha Appleton (Mitte und unten rechts)

Seite 84: AP/M. Spencer Green

Seiten 86–87: Aurora Photos/Callie Shell

Seite 88: UPI/Michael Kleinfeld/Landov

Seite 90: Aurora Photos/Callie Shell

Seiten 92–93: im Uhrzeigersinn von oben Mitte: AP/Charlie Riedel; AP/Charlie Neibergall; AP/Kiichiro Sato; Reuters/Lucy Nicholson/Landov; AP/Elaine Thompson

Seiten 94–95: im Uhrzeigersinn von oben Mitte: AP/Tom Mihalek; AP/Alan Diaz; AP/Mike Derer; AP/Paul Connors; AP/Ron Ira Steele; AP/Alex Brandon

Seiten 96–97: Aurora Photos/Callie Shell (links und Mitte); AP/Gerald Herbert (rechts)

Seiten 98–99: Aurora Photos/Callie Shell

Seite 101: AP/Ann Heisenfelt (oben links); UPI/Roger L. Wollenberg/Landov (oben rechts); AP/Manuel Balce Ceneta (unten rechts)

Seiten 102–103: AP/Manuel Balce Ceneta

Seite 104: AP/Richard Carson

Seiten 106–107: AP/Pablo Martinez Monsivais

Seite 109: AP/Obed Zilwa

Seite 111: AP/Sayyid Azim (oben rechts); Reuters/Daud Yussuf/Landov (links)

Seite 112: AP/Pablo Martinez Monsivais

Seiten 114–115: Aurora Photos/Callie Shell (oben); AP/Jim Cole (unten)

Seiten 116–117: AP/Evan Vucci (links); AP/M. Spencer Green (rechts)

Seiten 118–119: AP/M. Spencer Green (unten links); Reuters/Howard Burditt/Landov (oben rechts)

Seiten 120–121: AP/Steven Senne (oben links); AP/Brian Kersey (unten rechts)

Seiten 122–123: im Uhrzeigersinn von links: UPI/Roger L. Wollenberg/Landov; AP/Jeff Roberson; AP/Jim Cole; Aurora Photos/Callie Shell

Seiten 124–125: Polaris (links); Fame Pictures (Mitte, oben rechts, unten rechts)

Seiten 126–127: AP/Jim Cole (oben links); Reuters/Brian Snyder/Landov (unten links); AP/Seth Wenig (rechts)

Seite 128: AP Foto/Charles Rex Arbogas

Seite 129: AP Foto/Charles Rex Arbogast (oben); Library of Congress (unten)

Seite 131: AP Foto/Charles Rex Arbogast

Seite 132: AP Foto/M. Spencer Green

Seite 133: AP Foto/M. Spencer Green

Seite 134: AP Foto/M. Spencer Green

Seite 136: AP Foto/Matt Rourke

Seite 138: AP Foto/Charles Krupa

Seite 140: AP Foto/J. Scott Applewhite

Seite 142: AP Foto/Brett Flashnick

Seite 144: AP Foto/M. Spencer Green

Seite 145: Sipa via AP Images

Seite 146: Reuters/Mike Segar/Landov

Seite 147: Paul Morse/Bloomberg News/Landov

Seite 148: AP Foto/Charles Rex Arbogast

Seite 149: UPI Foto/Jim Ruymen/Landov

Seite 151: AP Foto/Alex Brandon

Seite 152: AP Foto/Trinity United Church of Christ

Seite 154: AP Foto/Matt Rourke

Seite 156: Daniel Barry/Bloomberg News/Landov (oben); AP Foto/Carolyn Kaster (unten)

Seite 157: AP Foto/Rick Bowmer

Seite 158: AP Foto/Chuck Burton